写人与写物

陈英◎著　　知舟◎绘

北京理工大学出版社
BEIJING INSTITUTE OF TECHNOLOGY PRESS

作者

陈 英

　　高级教师，40 年语文"老"教师，曾获得教学成果一等奖，曾担任作文、朗诵、语综等诸多竞赛评委。

　　陈老师喜欢孩子，痴迷于文学，在陈老师眼里，一诗一句都是五千年中华流淌下来的文明。40 年积累的上千节语文课堂实践、写作要点、古诗常识，在陈老师的笔下，抽丝剥茧，去糟取精，浓缩成这套有趣有料的《跟着古诗学写作》，奉献给孩子。

知 舟

　　原创作者，12 年主编主笔。

　　曾创作多部畅销图书，过往成绩不一一赘述。

　　曾获得 2018 年国家出版基金（少儿类）、2018 年"原动力"中国原创动漫出版扶持计划、2019 年自然资源优秀科普图书等奖项。

目录

写

人

篇

人物作文离不开外貌描写。用文字写出一个人的模样，是写好人物作文的基本要求。

有个同学写了这样一段外貌描写：

她长得非常漂亮。乌黑的头发有绸缎一样的光泽。红扑扑的小脸上，一双水灵灵的大眼睛，圆得如同两颗葡萄。小巧的鼻子，挺挺的。再加上一张樱桃小嘴，可爱极了。

你能凭这段文字找出他描写的是下面哪个小女孩吗？

有的同学说是第一个小女孩，有的说是第二个小女孩，有的说是第三个小女孩，也有的说是第四个小女孩。

为什么会这样呢？因为他写的内容几个女孩子都有。很多人笔下的人物往往都长一个样子，像是一个模子里刻出来的。

这时，就要从古诗中学会这个绝招：写人物外貌要学会挑拣，写最有特点的地方。

抓住外貌特点 —— 手如柔荑，肤如凝脂

要描写一个人，有很多地方要写，但怎样写才能让人印象深刻呢？

硕人（节选）

《诗经》

手如柔荑，肤如凝脂。

领如蝤蛴，齿如瓠犀。

螓首蛾眉，巧笑倩兮，美目盼兮。

齐国正在举行一场隆重的婚礼。新娘是齐国国君齐庄公的女儿。

新娘很漂亮，手像柔荑一样白嫩、皮肤像凝脂一样白润、脖子像蝤蛴一样白柔、牙齿像瓠犀一样又白又整齐。

这首诗描写了新娘最大的特点——白，通过多方位细致的描写，一幅明艳动人的美人图就呈现在了眼前。

突出身份特点 —— 满面尘灰烟火色

每个人都有自己的身份，挑选能够突出人物身份的相关特点描写是一个好方法。

卖炭翁

唐·白居易

卖炭翁，伐薪烧炭南山中。满面尘灰烟火色，两鬓苍苍十指黑。

卖炭得钱何所营？身上衣裳口中食。可怜身上衣正单，心忧炭贱愿天寒。

夜来城外一尺雪，晓驾炭车辗冰辙。牛困人饥日已高，市南门外泥中歇。

翩翩两骑来是谁？黄衣使者白衫儿。手把文书口称敕，回车叱牛牵向北。

一车炭，千余斤，宫使驱将惜不得。半匹红纱一丈绫，系向牛头充炭直。

一个卖炭的老翁，在山里砍柴烧木炭，好不容易烧了一车木炭，准备拉到长安城里卖掉。

刚到城门外，皇宫里的太监和手下骑马而来。他们仅仅用廉价的半匹红纱和一丈绫当作买炭的钱，硬把木炭要了去。

这首诗描写了一位烧炭卖炭老翁的遭遇。"满面尘灰烟火色，两鬓苍苍十指黑。"满脸灰尘，两鬓头发花白，十根手指也被木炭弄得黑乎乎的——只有长久烧炭，勤劳艰苦的老人，才会变成这样。诗人没有过多描述其他地方，仅仅挑拣脸、鬓角、手指几个地方，一下子就描绘出了卖炭翁的形象。

学会了这个绝招，我们再来改一改之前描写小女孩外貌的那段话——

她长得非常漂亮。红扑扑的小脸上，一双水灵灵的大眼睛，圆得如同两颗葡萄。小巧的鼻子，挺挺的。再加上一张樱桃小嘴，可爱极了。最有特点的还是她的头发，又黑又亮，长得出奇，几乎要垂到她的腰上，从后面看上去，就像一条黑色的瀑布从头顶倾泻而下。

这样描写，你肯定就能猜出是第四个小女孩了吧。长长头发正是她区别于其他三个小女孩的最大特点。

名作欣赏

孔乙己 (节选)

鲁迅

孔乙己是站着喝酒而穿长衫的唯一的人。他身材很高大；青白脸色，皱纹间时常夹些伤痕；一部乱蓬蓬的花白的胡子。穿的虽然是长衫，可是又脏又破，似乎十多年没有补，也没有洗。

鲁迅先生在小说《孔乙己》中抓住了主人公孔乙己身份的最大特点——站着喝酒而穿长衫。在那个时代，长衫是读书人和有钱人才穿的。普通劳苦人民都是穿短衣。穿长衫的坐着喝酒，穿短衣的站着喝酒。可见孔乙己是一个落魄的读书人。他的长衫又脏又破，却不肯换掉，可见他很爱面子，同时又看不起穷苦人，不希望穿短衣和他们融在一起。寥寥几笔外貌描写，就让一个穷困、懒散、自恃清高的老书生形象立了起来。

我的"自画像"

蒋雨涵

我很喜欢画画，画得也不错，今天我就给自己画个"像"。

头发柔顺，有光泽，像绸缎一样。红扑扑的小脸蛋上，一双水灵灵的大眼睛，乌黑乌黑的，葡萄一般。小巧的鼻子，樱桃般的小嘴，别人都夸我可爱。最有特点的还是我的眼镜，大得出奇，几乎遮住了我一半的脸，很难想象我的小鼻子居然能架起来这么大的眼镜。

小作者写了自己的外貌，先写了头发、脸、眼睛、鼻子、嘴巴等经常描写的身体部位，然后抓住了自己最有特点的"眼镜"来写，一下子让自己的形象和其他人区分开来，这就是"写外貌要会挑拣"。

戴着大眼镜，我总给人一副很有学问的样子。的确，我很喜欢读书。在我的书柜里，密密麻麻地摆满了书，什么《上下五千年》《父与子》《小王子》《昆虫记》我都看过。每当我看书的时候，整个人就会钻进书里面，谁喊我都听不到。

除了画画和读书，我还喜欢书法。每个周末我都会写毛笔字，先准备好笔、墨、纸、砚，然后像书法家一样，一笔一画写一个又一个字。写完一篇后，我会仔细看看哪个字写得不够好，然后再写一遍。每次写完我都会弄得一手黑墨，哈哈！

我还爱弹古筝。如果心里不痛快，我就弹一曲优美的《渔舟唱晚》。弹完一曲，所有的忧愁烦恼就都抛到九霄云外了。如果心情很好，我就弹轻松欢快的《丰收锣鼓》，随着欢快的曲子，我会变得更加开心。

这就是我，一个爱画画、爱读书、爱写字，还爱音乐的小姑娘。

不写外貌
却见外貌

　　有一幅宋朝名画叫《寒江独钓图》，整幅画只有一叶小小的扁舟，扁舟上一个渔翁垂钓，其他的地方都是一片空白。可是人们看了以后，会感觉烟波浩渺，江水辽阔。这种表现手法在绘画中叫"留白"，留下大片空白，也给人留下了想象的空间。

　　古诗中也常用这种写外貌的"留白"，这个绝招，我们叫它——不写外貌却见外貌。

　　有的同学在写作文描写人的外貌时，总会遇到这样的问题：

　　"我写得这个人很漂亮，哪儿哪儿都漂亮，可我就是不知道怎么把她漂亮的外貌写出来，反正大家都喜欢偷偷看她。"

　　"这个人脏兮兮的，但要我描写他脏的突出特点，我写不出来，反正他很脏，别人看他一眼都想洗眼睛。"

　　"大家都喜欢偷偷看她""别人看他一眼都想洗眼睛"不正好运用了这个绝招吗？

借他人反应写外貌 —— 秦氏有好女

长得漂亮，别人都喜欢多看几眼；长得丑陋，别人就会表现得嫌弃。所以，从别人的反应也能表现出外貌。

陌上桑（节选）

汉·佚名

日出东南隅，照我秦氏楼。秦氏有好女，自名为罗敷。罗敷喜蚕桑，
采桑城南隅。青丝为笼系，桂枝为笼钩。头上倭堕髻，耳中明月珠。
缃绮为下裙，紫绮为上襦。行者见罗敷，下担捋髭须。少年见罗敷，
脱帽着帩头。耕者忘其犁，锄者忘其锄。来归相怨怒，但坐观罗敷。

东汉末年，有一位美丽的农家女叫秦罗敷，以采桑养蚕为生。

真漂亮呀！

行人见了罗敷，都放下担子。年轻人见了都摘下帽子整理头巾。耕地的见了都忘记耕地，锄地的见了都忘记锄地。

通读这首诗，我们也看不到罗敷到底长什么样子，又漂亮在哪里，可是，都会说罗敷是个美女。为什么呢？

你瞧，行人、年轻人、耕地的人、锄地的人……见了罗敷都忘了手里的活儿，停下来盯着罗敷看，希望引起罗敷的注意。你想啊，要是罗敷不漂亮，他们会有这种表现吗？

尽管没有一句直接描写罗敷的美貌，却又"看见"了她的美貌，更让我们禁不住想象罗敷到底有多美。

用虚构夸张写外貌 —— 北方有佳人

"不写外貌却见外貌"这一招既可以用写实手法表现，也可以用虚构夸张手法表现。《陌上桑》使用这招用的是写实手法，而下面这个例子使用这招用的是虚构夸张。

佳人曲

汉·李延年

北方有佳人，绝世而独立。一顾倾人城，再顾倾人国。

宁不知倾城与倾国？佳人难再得。

西汉的时候，有一位音乐家叫李延年，他能歌善舞，但因为犯法受了刑，被安排在宫里的狗监，负责养狗。

后来，因为他精通音律被汉武帝召见，并且在汉武帝面前演唱了一首《佳人曲》——

李延年的妹妹正是一位妙丽善舞的佳人。于是，汉武帝的姐姐平阳公主就把她推荐给汉武帝。

汉武帝见了，果然非常喜爱，就把她立为夫人。李延年也青云直上，做了大官。

这首《佳人曲》写了北方一位举世无双的美女。只用了十个字描写她的美貌——一顾倾人城，再顾倾人国。这位美女只要朝城上瞧一眼，守城将士就放下兵器，城墙失守。她对君王瞧上一眼，君王就会倾心，国家败亡。倾国倾城的容貌，你能想象到有多美吗？

和《陌上桑》一样，虽然并没有描写这位美女长什么样子，但又把她的美貌表现得淋漓尽致。不同的是，《陌上桑》中众人见到美女的反应是实际发生的，而《佳人曲》中倾国倾城则是虚构夸张的手法。

名作欣赏

小二黑结婚（节选）

赵树理

小芹今年十八了，村里的轻薄人说，比她娘年轻时候好得多。青年小伙子们，有事没事，总想跟小芹说句话。小芹去洗衣服，马上青年们也都去洗；小芹上树采野果，马上青年们也都去采。

赵树理先生在《小二黑结婚》这篇作品中并没有描写小芹长什么样，长得多漂亮，而是通过青年小伙子们围着小芹转，表现出了小芹的美貌。

清平调·其一

唐·李白

云想衣裳花想容，春风拂槛露华浓。

若非群玉山头见，会向瑶台月下逢。

这是描写杨贵妃的诗，通过虚构夸张表现了杨贵妃的美。云想变成她的衣裳，花想变成她的容貌，人美得像带露的牡丹。如果不是群玉山上才能见到的仙子，就是在瑶台月下才能遇到的女神。

搬运工

管艺源

几天前的中午，我和妈妈正在吃午饭，突然有人敲门，进来一个瘦瘦的老人，是个搬运工。

这个搬运工就像刚从土堆里爬出来似的，一看到他的样子，我立刻就跑到一边，生怕被他沾上。哪怕妈妈投来凌厉的目光，我也毫不在意。

妈妈带他到阳台，指着一个旧柜子说："就是这个柜子，只有你一个人搬吗？""我一个人就行。"他摸了摸柜子，说，"硬木的，不轻啊！"说着，他就作势要搬。

妈妈连忙说要他等一下，去拿了一块抹布，要把柜子上的土擦一擦。我心说："他都那么脏了，还在意那点土吗？"擦过后，妈妈要把柜子的两个抽屉抽出来，减轻柜子的重量。而且还要我提一个抽屉，大家一起把柜子送到楼下。我极不情愿，可妈妈这次投来更加凌厉的目光，我只好照办了。

小作者对搬运工的描写，不写脏而见脏，通过自己的反应和动作表现了出来。同时，也为故事最后自己的转变，邀请搬运工洗漱留下了伏笔。

我把抽屉提在手里，嗬，
真沉啊。那这柜子岂不是……
就在我惊讶之时，只见那搬运
工俯下身子，弯着腰，将柜子
斜在背上。他双手抓住柜子的两
边，鼓足一口气，双腿一直，
竟然把这么重的柜子背了起来。

我提着抽屉，在震惊中，不知不觉来到了楼下。直到他一个人
把柜子放上了车，从我手里接过抽屉的那一刻，我才回过神来。

妈妈称赞他："大叔你还真有把力气。"他笑着回答："咱就
是个卖苦力的，没力气怎么行。"妈妈掏出 50 元钱给他，说："这
么辛苦，不用找了。"他接过钱，说："不，不，咱干干净净挣钱，
说好的 40 就 40。"接着，他硬是把 10 元钱塞给妈妈。

我更加震惊了，不由得上前说道："爷爷，你太脏了……"话
刚出口，妈妈就向我投来刀子般的寒光，我赶忙接着说，"到我家
里去洗洗吧。"他看着我笑了笑，说："你可真是个善良的好孩子，
不过我一会儿还得干活，不用了。"说完，他上车走了。

看着远去的货车，我羞愧地低下了头。

写心理
不见心理

啥都懂

写人物作文时，经常要写这个人物的心理活动。

很多同学写人物心理都很直白，如"他心里非常高兴""她特别紧张""我听了非常害怕"……

还有的喜欢用"想"：我心想、他心想、她心想。一看到这些提示语，就知道要写心理活动了。

这样写心理活动没问题，但是你这样写，他这样写，大家都这样写，就会千篇一律，像白开水一样没滋没味。

这时候不妨试试古诗中的这招——写心理不见心理。

这招的妙处是不直接描写心理，而是通过其他方面的描写来表达人物心理活动。我们介绍四种方式：环境衬托、神态显示、行动表现和梦境展现。

环境衬托心理 —— 众鸟高飞尽，孤云独去闲

环境描写如何衬托人物的心理？

独坐敬亭山

唐·李白

众鸟高飞尽，孤云独去闲。

相看两不厌，只有敬亭山。

李白步履蹒跚地爬上了安徽的敬亭山。

他曾和朋友们一起在这里赏景、饮酒、论诗。现在昔日的朋友都不在了，只有他一个人孤零零地坐在山上。

　　敬亭山山色秀丽，泉流，亭楼，极目如画，可是在李白的诗中这些美景都不见了，只有一群鸟飞得无影无踪，几朵孤单的云飘来飘去，他和敬亭山，你看着我，我看着你。李白此刻孤独伤感的心情，让他"看不见"周围的美景，只能看到"鸟尽云闲"。这样的环境描写，也恰恰烘托了李白此刻孤独的心理。

　　相信你也有过类似的体验，当你心情愉悦时，你会觉得草更绿了，花更艳了，天更蓝了。当你心情不痛快时，周围的一切都会变得暗淡无光，即使欢快清脆的鸟叫，你也会觉得吵闹。这时候，环境的描写不正是你的心理写照吗？

神态显示心理 —— 深坐颦蛾眉

心理活动可以通过人物神情显示出来。

怨 情

唐 · 李白

美人卷珠帘，深坐颦蛾眉。
但见泪痕湿，不知心恨谁。

一个美人卷起了珠帘，呆呆地坐着，皱着眉头。

只见她脸上挂着泪痕，
不知道心中在怨恨谁。

　　这首小诗写了一个美人。她"深坐""颦蛾眉""泪痕湿"，这样的神态描写，任谁看了都感受到她幽怨伤心的心理。抽象的心理活动一下子就变得形象了。

　　俗话说"相由心生"，心理活动往往可以通过面部神态表情显示出来。眼睛瞪大，嘴巴张开，你会想到惊讶；眉头紧锁，唉声叹气，你会想到忧愁；牙齿紧咬，目露寒光，你会想到愤恨；满面红光，嘴角上扬，你会想到得意……神态的变化总是能很好地表达内心的情感。

行动表现心理 —— 揽衣起徘徊

很多时候，动作可以揭示出人物的心理活动。下面我们来看看汉乐府诗。

明月何皎皎

汉·佚名

明月何皎皎，照我罗床帏。忧愁不能寐，揽衣起徘徊。

客行虽云乐，不如早旋归。出户独彷徨，愁思当告谁？

引领还入房，泪下沾裳衣。

东汉时，出门在外的诗人，思念家乡，晚上难以入睡。

这首诗是如何表现主人公的心理活动的呢？主要是通过一系列的行动——看月、失眠、揽衣、起床、徘徊、回房、流泪。这一连串的动作说明他难以入睡的时间很长，而且动作一个接一个，不知道该如何才好，这不正是心有所思，思念家乡的心理状态吗？

我们经常会在不经意间通过一些举动表现出心理。碰到一条大狗你会不自觉地躲到大人身后，这就是害怕的心理表现。你在人群外踮起脚伸长脖子看篮球赛，这就是焦急的心理表现。你叉着腰扭着头撇着嘴，这是不服气的心理表现。只要你仔细观察和体验，就能发现很多表达心理的动作。

梦境展现心理 —— 小轩窗，正梳妆

心理活动还可以通过梦境表现出来。

江城子·乙卯正月二十日夜记梦

宋·苏轼

十年生死两茫茫。不思量，自难忘。千里孤坟，无处话凄凉。

纵使相逢应不识，尘满面，鬓如霜。

夜来幽梦忽还乡。小轩窗，正梳妆。相顾无言，惟有泪千行。

料得年年肠断处，明月夜，短松冈。

一天晚上，北宋大文豪苏轼想到了自己去世十年的妻子，思念之情涌上心头。

他做梦梦到自己回到了家乡，梦到了当年年轻的妻子。

这首词中，苏轼表达对亡妻的思念就运用了梦境来表现。他梦到自己回到了家乡，妻子在小窗前对镜梳妆打扮，两个人相互看着默默无言，流着泪。

俗话说：日有所思，夜有所梦。很多时候，我们心理所想的，总是能做梦梦到。所以，通过写梦境也可以表达出心理活动。

红楼梦（节选）

清·曹雪芹

　　于是，刘姥姥带他进城，找至宁荣街。来至荣府大门石狮子前，只见簇簇的轿马，刘姥姥便不敢过去，且掸了掸衣服，又教了板儿几句话，然后蹭到角门前，只见几个挺胸叠肚指手画脚的人，坐在大凳上，说东谈西呢。刘姥姥只得蹭上来问："太爷们纳福！"众人打量了她一会，便问是哪里来的。刘姥姥陪笑道："我找太太的陪房周大爷的，烦哪位太爷替我请他老出来。"那些人听了，都不瞅睬，半日方说道："你远远的在那墙角下等着，一会子他们家有人就出来的。"

　　这一段描写的是穷困的老妇人刘姥姥带着外孙去远亲贾府上拜访。作者用"掸了掸衣服""蹭上来""陪笑"三个动词揭示了刘姥姥卑微无助，但内心又隐藏着自尊的心理。而那几个看门人"挺胸叠肚指手画脚""不瞅睬"也展现了他们为人傲慢和看不起刘姥姥的心理。这些人物心理并不是直接描写，而是通过动作来表现的。

同学小虎

董祥飞

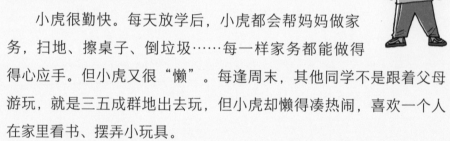

小虎是我的同学，因为出生时长得虎头虎脑的，他爸妈就给他取名叫"小虎"。小虎长得很壮实，浓密的眉毛下有一双炯炯有神的大眼睛，圆圆的脸蛋加上短短的头发，显得格外精神。

小虎很勤快。每天放学后，小虎都会帮妈妈做家务，扫地、擦桌子、倒垃圾……每一样家务都能做得得心应手。但小虎又很"懒"。每逢周末，其他同学不是跟着父母游玩，就是三五成群地出去玩，但小虎却懒得凑热闹，喜欢一个人在家里看书、摆弄小玩具。

小虎胆子很小。有一次，班主任要选几个同学参加"六一"儿童节的合唱，小虎瞬间就把头垂了下去，恨不得钻进书桌里。当老

师选中他的时候，他连拒绝的声音都变得像蚊子嗡嗡一样小。但小虎又很勇敢。有一次，高年级的学生欺负我们班的同学，小虎立刻站了出来，眼睛瞪得像灯

泡一样，牙关紧咬，气呼呼地盯着对方。高年级的学生一下子就散了。

小虎很谦虚。每次大家夸他能干的时候，他都笑着说："这没什么，你们也可以做到。"但小虎又很喜欢受到表扬。每次他受到表扬，走路都会连蹦带跳的，好不张扬。

这就是我的同学小虎，可爱又可敬。

这篇文章中，小作者并没有直接描写"小虎"的心理，但却多处可见心理。写小虎胆小时，用垂头、说话声音变小等动作表现了小虎"害羞""胆小"的心理。写小虎喜欢受表扬时，用连蹦带跳的动作表现了小虎"欢快"的心理。

让人物
动起来

　　有一个学生写他参加一次篮球赛，写到最关键的一个进球时，他是这样写的——

　　就这样你来我往，比赛到了最后关键时刻，比分是 23 ∶ 22，对方领先一分。轮到我们进攻，队长投进一个两分球，反超了比分。球场顿时爆发出雷鸣般的掌声。

　　这样写虽然没有问题，但太平淡，太死板，如此激动人心的时刻，读完竟然没有任何画面感。这样的问题很多人在写作时都会遇到。

　　为什么会这样呢？最主要的原因就是人物没有动起来。人物动起来，才会有画面感，文章才会变得精彩。

　　要让人物动起来，最佳的途径就是准确细致的动作描写。

人物"动"起来 —— 忽然闭口立

我们从诗人袁枚的一首诗中体会一下人物动起来的妙处。

所 见

清·袁枚

牧童骑黄牛，歌声振林樾。

意欲捕鸣蝉，忽然闭口立。

　　这首诗写了一个牧童准备捕知了的经过。短短的四句二十个字，让我们仿佛看到了一个牧童骑着黄牛，悠闲地唱着歌，忽然看到了树上鸣叫的知了想要捕捉，立刻就闭上嘴巴，一声不响站立在树下。一张张的画面好像动画片一样真的"动"了起来。

　　你知道这是为什么吗？原因就是诗人用了很多动词——骑、振、捕、闭口、立，让人物"动"了起来。

前面描写篮球比赛中队长得分的那段文字，通篇只有"投"一个动词。

如果在"投进"之前多加一些动词会怎样呢？

就这样你来我往，比赛到了最后的关键时刻，比分是 23：22，对方领先一分。轮到我们进攻，队长接球后，迅速运球到前场，眼睛死死盯着面前的防守者，突然向左边跨出一步，做出一个突破的假动作，然后手腕一翻，将球拉了回来，双脚起跳，手臂高举，手腕一抖，出手了，投出的球在空中划出一道美妙的弧线，"唰——"，球进啦！

经过这样一改，是不是觉得人物动了起来，画面鲜活了呢？

让人物"动"起来，还要"动连着动"，什么意思呢？就是要把人物的一个动作过程分解成几个小动作，一个接一个有次序地写出来。

比如：炒菜，可以分解成

坐锅 ⟶ 倒油 ⟶ 放菜 ⟶ 加佐料 ⟶ 翻炒 ⟶ 出锅

妈妈把锅坐在火上，然后往锅里倒入适量的油，不一会儿，锅里冒起了油烟。妈妈把切好的菜倒进锅里，随着一阵嗞嗞的声响，她抄起铲子，不停地翻动着菜。等菜的颜色微微泛黄，妈妈再倒入酱油、醋，撒上一点盐，接着再用铲子翻动几下，撒下一点味精，继续翻炒几下，香喷喷的菜肴就出锅啦！

西游记（节选）

明 · 吴承恩

那大圣双手侮着眼，正自搓揉流涕，只听得炉头声响，猛睁睛看见光明，他就忍不住，将身一纵，跳出丹炉，唿喇的一声，蹬倒八卦炉，往外就走。慌得那架火、看炉，与丁甲一班人来扯，被他一个个都放倒，好似癫痫的白额虎，风狂的独角龙。

这一段描写的是孙悟空从太上老君八卦炉中出来的情形。作者用了侮、搓揉、睁、纵、跳、蹬、走一连串的动词，既交代了孙悟空逃出八卦炉的步骤，又表现出了他的愤恨和身手敏捷。

我家的"万能"

程瑶

　　我家有一个"万能"。

　　有一次，我的一颗牙有些松动了，需要拔牙。我自己试了很多次，都没敢拔掉。"万能"知道了，对我说："这太容易了，让我看看。"我虽然不相信他的话，但还是乖乖地张开了嘴。"万能"看了看笑着说："这颗牙很容易掉，你闭上眼睛，把嘴张到最大，听我数到三，然后你就用力咬牙，这颗牙就会自动掉下来。"我抱着试试看的心态，闭上眼，把嘴张到最大。然后，他开始数了："一！"就在我还等着"二"时，"万能"说："好了，牙已经掉了。"原来，他大声喊一的时候就把那颗牙拔掉了，而我还傻乎乎地等着他继续数数呢。

　　还有一次，我们一起外出野游，结果我不小心划破了腿，血不停地流。我一下子就吓哭了。"万能"朝周围看了看，抓了几个带刺的野草回来，嚼碎了，敷在我腿上的伤口上，说："别怕，很快血就会止住了。"果然，没过多久，我腿上的伤口就不再流血了。

　　为了难为他，我找来爷爷的唢呐，要他吹一曲《百鸟朝凤》，因为我知道他五音不全，平时唱歌很难听。没想到，他干咳了几下，长叹一声，拿起唢呐，深吸了一口气，对准唢呐，缓缓吹起，手指也不停地在气孔处跳动，一曲悠扬的曲子，充满了整个房间。

"万能"还真行。

你知道这个"万能"是谁吗？他就是我的爸爸。

小作者在描写吹唢呐这段时，用了咳、叹、拿、吸、吹、跳动一连串的动词，这就是"动连着动"，这些动词让"万能"吹唢呐的情形如同就在我们的眼前。

塑造典型画面

啥都懂

很多人在写作文时都遇到过这样的困惑——明明是自己使出浑身解数写出的一篇洋洋洒洒的作文，可是别人看了以后还是觉得没意思，人物没情趣，给人留不下任何印象。

遇到这样的问题，往往会很打击自信心。不要急，我们来想办法解决。

你还记得自己小时候看过的动画片或电视剧吗？一提起来，脑海中就会闪出几个画面或者片段。我们在写作文时有时候也应该这样。

塑造人物典型的画面，需要对生活中的新鲜事、有趣的事多记录，多积累。如《舟过安仁》中两个小孩子用伞当帆用。

典型人物画面，要符合自己所写的人物形象、职业、性格等。如《清平乐·村居》中一家五口的画面都符合各自的年龄、身份。

如果我们写作时，加入这样的典型画面，人物一下子就会丰富生动起来。

抓住有趣的片段 —— 怪生无雨都张伞

富有情趣的片段，往往会令人意想不到，将这些片段加入文章中，会让人物更加鲜活。

舟过安仁

宋·杨万里

一叶渔船两小童，收篙停棹坐船中。

怪生无雨都张伞，不是遮头是使风。

诗人杨万里乘舟行路时，看到江上有一条小渔船，船上有两个小童，他们收起了竹竿，停下船桨，坐在船中。

奇怪的是天也没有下雨，他们居然张开了伞。原来是想用伞当帆，使船前进。

这首诗写的是诗人在路上偶然遇到两个小童的事。两个小童居然想用伞来当船帆，真让人意想不到。这个典型画面，成功地塑造出了儿童的聪明机灵，也表现出了儿童特有的稚气。毕竟用伞当帆这种不切实际的办法，只有儿童才能想得出来，让人不禁想笑。

记录生活中的画面 —— 溪头卧剥莲蓬

塑造人物典型的画面有很多，但都藏在我们平时的生活中，需要我们去发现。

清平乐·村居

宋·辛弃疾

茅檐低小，溪上青青草。醉里吴音相媚好，白发谁家翁媪？

大儿锄豆溪东，中儿正织鸡笼。最喜小儿亡赖，溪头卧剥莲蓬。

一家农家院里，白发夫妻在院子里喝酒聊天。

他们的大儿子在小溪东边的豆田里锄地。

二儿子在院子里忙着编鸡笼。

最淘气的小儿子趴在溪头剥莲蓬吃。

这是一个农村五口之家日常生活的一组画面。夫妻两人年纪大了，喝酒聊天，温暖又和谐。大儿子年长，是主要劳动力，负责种地。二儿子年纪小一点，做辅助劳动编鸡笼。小儿子还是贪玩调皮的年纪，趴在溪边剥莲蓬吃。每一个都是塑造人物的典型画面。尤其是小儿子令人印象深刻，"卧"在溪边剥莲蓬吃的画面饶有情趣，天真、活泼、顽皮的劲儿跃然纸上。

名作欣赏

孔乙己（节选）

鲁迅

孔乙己一到店，所有喝酒的人便都看着他笑，有的叫道："孔乙己，你脸上又添上新伤疤了！"他不回答，对柜里说："温两碗酒，要一碟茴香豆。"便排出九文大钱。他们又故意的高声嚷道："你一定又偷了人家的东西了！"孔乙己睁大眼睛说："你怎么这样凭空污人清白……""什么清白？我前天亲眼见你偷了何家的书，吊着打。"孔乙己便涨红了脸，额上的青筋条条绽出，争辩道："窃书不能算偷……窃书！……读书人的事，能算偷么？"接连便是难懂的话，什么"君子固穷"，什么"者乎"之类，引得众人都哄笑起来：店内外充满了快活的空气。

鲁迅先生在《孔乙己》中塑造了孔乙己这个穷苦潦倒的读书人形象。这一段就是孔乙己的一个典型画面。他可悲、可笑，但又有读书人好面子的迂腐。尤其是在众人嘲笑他时，他把九个铜钱"排"在柜台上的动作，既是向那些取笑他的人炫耀自己有钱，又是告诉伙计自己一文不少，表现出自己的"清白"。

我的弟弟

许丽丽

　　他，瓜子脸，大额头，个头在同龄人中不高也不矮。一双大大的眼睛，不高不低的鼻子下面是一时一刻也停不下来的嘴巴。

　　他很调皮，经常趁人不备在别人后面搞点小动作。有时是挠你一下，让你痒得咯咯笑，他也跟着开心地大笑。有时是躲在你后面，趁你不注意，大喝一声，吓你一跳。

　　他还很霸道，一旦你有一件东西被他看中那就惨了。他围着你不停地转，哭、闹、抢……想尽各种办法也要把东西弄到手。

　　虽然他这些行为让人讨厌，但是也有可爱的时候。

　　有一次，我们班里要进行一场鹅卵石画比赛，我收集了好多光溜溜的鹅卵石，准备在比赛前练习。他发现后，又开始不停地缠着我，问我这些鹅卵石有什么用。我想戏弄他一番，就说："这可不是鹅卵石，这些是恐龙蛋化石。""恐龙蛋！"他听得眼睛瞬间放出光来，"那它们能变成恐龙吗？""当然了，但要孵化才行，就像母鸡孵鸡蛋那样。"他信以为真，要了几个鹅卵石，回到房间"孵恐龙"，一整天都不再闹腾了。

孵鸡蛋的爱迪生最后变成了发明大王，这个孵鹅卵石的小男孩将来会怎么样呢？

　　不管怎么样，他都是我的弟弟，既叫人讨厌，又叫人喜欢的小男孩。

　　"孵鹅卵石"这就是小作者写弟弟时塑造的典型人物画面。这个画面让人哭笑不得，但印象深刻，表现了弟弟天真、可爱的一面。

对比
突出形象

大概我们每一个人都是在对比中长大的——

"你最近好像长高了"，是对比。

"生病的时候一口不想吃，病好了变成大饭桶啦"，是对比。

"那个小朋友和你一样大，你看人家多懂事，你多调皮"，也是对比。

诸如此类的，举不胜举。

写人物作文的时候，完全可以运用对比这个方法。

写主人公的美惊艳，——就找个丑的人来对比一下。

写主人公的意志坚定，——就找个比较薄弱的人来对比一下。

写主人公的动作麻利，——就找个比较迟钝的人来对比一下。

写主人公的思维开阔，——就找个比较迂腐的人来对比一下。

写主人公的作风俭朴，——就找个比较奢侈的人来对比一下。

总之，你要觉得所写人物的外貌、性格、行为、思想、生活、习惯等方面的特点不够突出，就找一个反面的例子来对比一番。

仙鹤的形象之所以显得高大，就是因为站在鸡群中。鹤立鸡群，不比不知道，一比吓一跳。运用对比，能够让人物形象更加突出。

与别人对比 —— 十指不沾泥

要突出一个人某一方面的形象，可以与其他人进行对比。

陶 者

宋·梅尧臣

陶尽门前土，屋上无片瓦。

十指不沾泥，鳞鳞居大厦。

烧瓦的工人把自己门前的土都挖光来烧瓦了，可自家的屋顶上却没有一片瓦。

那些富贵的人，十指连泥都不沾，却住着铺满瓦片的高楼大厦。

　　这首小诗的主人公是一个烧瓦工人，他辛苦劳作，天天烧瓦，连自己家门前的土都挖尽了，结果自己的屋子没有一片瓦。这样的生活已经很艰苦了，但诗人觉得还是不够突出。于是，就用"鳞鳞居大厦"的人来对比，他们手不碰泥，却住在铺满瓦片的高楼。两相对比，更加突出了烧瓦工人的穷苦形象。

与自己对比 —— 少年不识愁滋味

一个人也可以与不同时期的自己对比，这样可以突出表现人物发生的变化，让人物形象更丰满。

丑奴儿·书博山道中壁

宋·辛弃疾

少年不识愁滋味，爱上层楼。爱上层楼，为赋新词强说愁。

而今识尽愁滋味，欲说还休。欲说还休，却道"天凉好个秋"！

年少时不知道什么是忧愁，为了写出新的词作，没有忧愁也要硬写出忧愁。

后来年纪大了，尝尽了各种忧愁，想说却又不能说。

这首词前半段写年少，不知道什么是忧愁，却偏偏喜欢故作深沉，没有愁强说愁。后半段写词人人到中年，遭遇了很多波折，尝尽了无数忧愁，说不尽道不明。你瞧，这首词用现在已经到中年的自己与年少时的自己对比，表现了自己对忧愁认识的变化，使得现在的自己忧愁苦闷的形象更加突出。

我的母亲 (节选)

胡适

大嫂是个最无能而又最不懂事的人，二嫂是个能干而气量很窄小的人。他们常常闹意见，只因为我母亲的和气榜样，他们还不曾有公然相骂相打的事。她们闹气时，只是不说话，不答话，把脸放下来，叫人难看；二嫂生气时，脸色变青，更是怕人。她们对我母亲闹气时，也是如此，我起初全不懂得这一套，后来也渐渐懂得看人的脸色了。

胡适先生在这篇文章中为了突出母亲气量大、性子好的形象，用大嫂和二嫂两个人来作对比。

故 乡 (节选)

鲁迅

他正在厨房里，紫色的圆脸，头戴一顶小毡帽，颈上套一个明晃晃的银项圈……

他身材增加了一倍；先前的紫色的圆脸，已经变作灰黄，而且加上了很深的皱纹；眼睛也像他父亲一样，周围都肿得通红，这我知道，在海边种地的人，终日吹着海风，大抵是这样的。他头上是一顶破毡帽，身上只一件极薄的棉衣，浑身瑟索着；手里提着一个纸包和一支长烟管，那手也不是我所记得的红活圆实的手，却又粗又笨而且开裂，像是松树皮了。

这是鲁迅先生笔下对少年闰土和中年闰土的对比。通过一个健康、朴实的农村少年的对比，更加突出了中年闰土饱经风霜、麻木少言的形象。

"麻烦"班主任

李俊奇

我们的班主任口头禅是："不要怕麻烦。"的确，她不怕麻烦，却总是给我们"制造麻烦"。所以，同学们在背地里称她为"麻烦"班主任。

学校组织看电影，别的班主任只安排写一篇观后感，"麻烦"班主任不仅安排我们写观后感，还要组织一堂分享课，每个同学都要发言。别的班主任组织学生去植物园，只需要认识各种植物，"麻烦"班主任却要求我们每个人都要制作一个植物标本。

你说，麻烦不麻烦？

小作者将"麻烦"班主任和其他班主任进行了对比，用对比来突出"麻烦"班主任总是"制造麻烦"的人物形象特征。

有一天，轮到我们组值日，我们怕"麻烦"班主任找麻烦，就把地扫得非常干净。谁知她一检查，说桌椅摆放不够整齐，我们只得重排。唉，真"麻烦"！

更"麻烦"的是，她还别出心裁地给我们每个人发了一本《日常表现评估手册》，要求我们每个人对自己每天在学校的表现加以评估，详细记录。每天的记录都要拿给她进行评估，记录不真实的要重新修改，评估得分低的要做出总结改进。这么一来，虽然麻烦，但我们每个人对自己每天哪些方面做得好，哪些方面需要改进，心里都非常清楚。

"麻烦"班主任不停地"制造麻烦"，在"麻烦"的抱怨声中，我们每个人学习、纪律都在进步。

你说，这个"麻烦"班主任到底是"麻烦"还是"不麻烦"呢？

写物篇

写物作文是小学阶段常见的一种作文形式。

动物、植物、建筑物、生活用品……甚至一块石头、一片树叶都可以作为这类作文写作的题材。

写物如同见物，就好比学绘画的人，最开始学的都是素描——要画得像。

如果画的是老虎，结果看起来像猫咪，画的是向日葵，结果看起来像雏菊，那样就太失败了。

开始练习写物作文时，我们应该做到写什么就是什么。

做到"写物如同见物"并不容易。这需要认真观察，精准捕捉物体的特征。

捕捉特征写物 —— 曲项向天歌

捕捉物体的特征，是能够把物体写形象的第一步。

咏 鹅

唐·骆宾王

鹅，鹅，鹅，曲项向天歌。

白毛浮绿水，红掌拨清波。

骆宾王是"初唐四杰"之一。七岁那年，他家里来了一个客人，小小骆宾王负责接待。

客人让他以鹅写一首诗。结果，骆宾王不假思索，很快就作出了一首千古流传的《咏鹅》。

　　瞧，这首简短的小诗里，我们能看到这样几只白鹅：洁白的羽毛、红色的脚掌、弯曲脖子向天叫。这样几个特征，凑成了完整的白鹅的形象。尤其是那句"曲项向天歌"更是形神兼备，展示了鹅的优雅和从容。寥寥数语，一幅白鹅戏水的画面就出现在眼前。

名作欣赏

海 燕 （节选）

郑振铎

乌黑的一身羽毛，光滑漂亮，积伶积俐，加上一双剪刀似的尾巴，一对劲俊轻快的翅膀，凑成了那样可爱的活泼的一只小燕子。

作者抓住了小燕子的体态特征，通过简洁却出神入化的描写把小燕子轻盈曼妙的身姿、活泼可爱的形象展现在读者面前。

荷 花 （节选）

叶圣陶

荷叶挨挨挤挤的，像一个个碧绿的大圆盘。白荷花在这些大圆盘之间冒出来。有的才展开两三片花瓣儿。有的花瓣儿全展开了，露出嫩黄色的小莲蓬。有的还是花骨朵儿，看起来饱胀得马上要破裂似的。

叶圣陶先生从荷叶、荷花、花苞，层次分明地将满池荷花刻画到位，仿佛描绘出一幅清新脱俗的水彩画一般。

小 黑

蒋栋梁

我有一只可爱的小狗，它叫小黑。

小黑有一双圆溜溜的大眼睛，眼睛上方有两个黄色的小圆点。一个黑黝黝的鼻子头像颗硕大的黑珍珠。它的两只耳朵总是高高竖起，聆听着四面八方的动静。最吸引人的还是它一身乌黑发亮的皮毛。一条尾巴总是摇来摇去的，就像一个充满活力的"小绅士"。

小黑可有趣啦！它对我们家里的人有不同的态度。晚上，爸爸工作回家，小黑就像个酒店的迎宾一样，恭恭敬敬地迎接它的"客人"。妈妈做饭时，它就乖乖地坐下，眼睛盯着妈妈手里的食物。我带它下楼遛弯的时候，小黑又变了一副样子，活力四射，到处跑来跑去的。

邻居都说小黑可以去马戏团当演员。

小作者抓住了"小黑"的外貌特征，将小狗描写得活灵活现，仿佛就在我们身边。

写物可以
不见物

啥都懂

　　掌握了写物如同见物不等于万事大吉了，因为你还会遇到新的问题——有些要写的东西根本无法描写状貌，或者状貌极其简单，简单到几乎无话可写。

　　比如，要写风，怎么能写出它的状貌呢？

　　一块四四方方的砖头，状貌多么简单，怎么能写出它的精髓呢？

　　"写物如同见物"，明显不能解决这个问题了。

　　这个时候，我们就需要学习古诗中的这一招：写物可以不见物。

　　写物可以不见物，就是不写物体的外貌特征，读者从文字中看不出这个物体具体的样子。

　　我们可以从物体的作用来描写物体，就像《风》中通过其他物体的变化来描写风。

　　也可以从对人们的影响来描写物体，就像《咏钱》中对钱的描写。

通过作用写物 —— 解落三秋叶

难以描述外貌的物体，可以通过描写它的作用，让人真切地感受到。

风

唐·李峤

解落三秋叶，能开二月花。

过江千尺浪，入竹万竿斜。

它可以吹落深秋的树叶。

它可以吹开春季的鲜花。

它吹过江面，可以掀起千尺巨浪。

它吹入竹林，可以使万竿竹子倾斜。

风是看不见摸不着的，没人能知道它的样子。那怎样才能写形象呢？这首诗紧紧抓住了风的作用，写风能吹落秋天的树叶，唤醒春天的花朵，掀起江面的巨浪，吹斜万竿的竹子。诗人通过叶、花、浪、竹在风作用下的变化，把风的鲜活形象表现了出来。

通过影响写物 —— 平章市物无偏价

如果状貌难以描述，还可以通过描写它的影响来写物。

咏 钱

明·沈周

个许微躯万事任，似泉流动利源深。

平章市物无偏价，泛滥儿童有爱心。

一饱莫充输白粟，五财同用愧黄金。

可怜别号为赇赂，多少英雄就此沈。

小小的铜钱担任着交易任务，给人带来便利。

衡量着物价，保持着平稳，连小孩子都喜欢它。

不能吃，但胜过白米；方便交易，胜过黄金。

用来行贿，就会使不少英雄沉沦。

要写钱的状貌是几乎不可能的。于是，诗人就另辟蹊径，通过写钱对人们的影响来描写钱。诗人写了钱可以承担交易，带来便利；可以衡量物价，保持平稳。这是钱带来的好的影响。但钱也有坏的影响，一旦用它来行贿，就算是英雄人物也会因它身败名裂。你瞧，通过这些描写，一样可以让我们清楚地了解钱的形象。

名作欣赏

桥

艾青

当土地与土地被水分割了的时候，

当道路与道路被水截断了的时候，

智慧的人类伫立在水边：

于是产生了桥。

苦于跋涉的人类，

应该感谢桥啊。

桥是土地与土地的连系；

桥是河流与道路的爱情；

桥是船只与车辆点头致敬的驿站，

桥是乘船者与步行者挥手告别的地方。

艾青先生写桥并没有写桥的具体外貌，而是从桥的作用以及象征的意义来写，这就是"写物不见物"。

"我"的自述

李国维

　　我身高 1.65 米，穿着一件白底红边的外衣。主人很爱护我，每天把我擦得干干净净的。我感觉自己就像一个漂亮的小公主，骄傲地站在客厅的角落里。

　　我的身体分成上下两个部分，体温也不一样。上身很凉，叫作冷藏室，里面放着很多食品。门上有三层架子。第一层是有很多个小窝的塑料架子，是放鸡蛋用的。鸡蛋嵌在小窝里，既稳当又可以保鲜。第二层、第三层可以放些小食品。冷藏室里面是三层食物搁架。女主人常常将一些好吃的菜肴、蔬菜、水果、饼干等东西放在这里。我冷冰冰的体温可以保持这些东西很久不会变坏。

　　我身体的下半部分的体温比冷藏室更低，叫作冷冻室。炎热的夏天，女主人会把冰棍、冰激凌放在这里，我可以保证它们不会化。另外，女主人也会把新鲜的肉食放在这里。

我的家族很庞大，有的身材魁梧，有的小巧玲珑，而我算是最普通最常见的身材了。

　　说了这么多，你猜到我是谁了吗？

　　没错，我就是一台电冰箱。

　　小作者这篇作文写冰箱，但他并没有直接写冰箱，而是对冰箱的作用进行描述，不写冰箱而见冰箱。另外，作者还以第一人称的口吻来介绍，凸显了独特的构思方式。

五感
轮番来

很多同学在写物时总是写不长，往往一两句后就没词可写了。

一位同学是这样描写西瓜的：

西瓜长得又大又圆，像一个大头娃娃。身上穿着绿色带黑道道的衣服，可爱极了。切开以后就看见水灵灵的红色瓜瓤和亮闪闪的黑色瓜籽，好看极了。

虽然写出了西瓜的特点，但还是缺了很多东西。缺了什么呢？

如果一个西瓜摆在面前，你会怎么做？我想一定会先看一看，再摸一摸，大概还会敲一敲听听，切开后，还会闻一闻，最后再尝一尝。

眼、手、耳、鼻、口并用，对西瓜得出综合的感觉。

写作文也是一样：眼睛看到的，耳朵听到的，鼻子闻到的，嘴巴尝到的，手和身体感触到的，把所有感官融合起来，会变得更具体、更生动。

这就和我们评价一道美食要色香味俱全一个道理。

这一招就叫"五感轮番来"。一起看看古诗中是怎么运用的。

直接写五感 —— 石榴香老愁寒霜

大部分的物体都比较具象，可以直接写关于它的五感。

石榴歌

唐·皮日休

蝉噪秋枝槐叶黄，石榴香老愁寒霜。流霞包染紫鹦粟，黄蜡纸裹红瓠房。
玉刻冰壶含露湿，斓斑似带湘娥泣。萧娘初嫁嗜甘酸，嚼破水精千万粒。

仲秋时节,石榴成熟了,透着香气。

石榴的外皮红紫相间，里面是黄色的皮裹着红色的子房。

石榴籽像露水一样湿润。

嚼在嘴里，又甜又酸，多汁美味。

这首诗就是直接用五感法描写了石榴。嗅觉——香；视觉——红、紫、黄；触觉——湿；味觉——甘酸。瞧，打开了多种感官，再加上内心感受和比喻手法，将石榴写得非常具体生动。

间接写五感 —— 夜深知雪重

有时候直接写关于某个东西的五感比较困难，就可以通过间接的方法写出来。

夜 雪

唐·白居易

已讶衾枕冷，复见窗户明。

夜深知雪重，时闻折竹声。

寒冷的冬夜，被子枕头冷冰冰的，窗外大雪映亮了窗户。

外面时不时响起大雪压断竹枝的声音。

这首诗短小精悍，四句诗分别通过触觉、视觉、感觉、听觉来描写"夜雪"。其中最巧妙的要数对听觉的运用。雪是轻飘飘的，一般情况下雪都是悄无声息的，无法直接描述雪的声音。是不是就无法从听觉写雪了呢？这时候，诗人就采用了间接写五感的方法。"时闻折竹声"，通过用积雪很重，压断了竹枝的声音，来间接表现出雪下得很大。看似写竹子，实则写雪。

花园（节选）

汪曾祺

"巴根草，绿茵茵，唱个唱，把狗听。"每个小孩子都这么唱过吧。有时甚么也不做，我躺着，用手指绕住它的根，用一种不露锋芒的力量拉，听顽强的根胡一处一处断。这种声音只有拔草的人自己才能听得。当然我嘴里是含着一根草了。草根的甜味和它的似有若无的水红色是一种自然的巧合。

草被压倒了。有时我的头动一动，倒下的草又慢慢站起来。我静静的注视它，很久很久，看它的努力快要成功时，又把头枕上去，嘴里叫一声"嗯"！有时，不在意，怜惜它的苦心，就算了。这种性格呀！那些草有时会吓我一跳的，它在我的耳根伸起腰来了，当我看天上的云。

我的鞋底是滑的，草磨得它发了光。

作者在这段描写中分别从听觉、味觉、视觉、触觉描写了花园里的小草。这些描写看起来没什么复杂的地方，却让读者感受到仿佛自己在草丛中玩耍一样。

春 雨

宋一洋

"好雨知时节，当春乃发生。"江南的春天，总是在淅淅沥沥的春雨中悄然而至。

春雨真细呀，细得像一根根牛毛，又像一根根银针，密密地洒下来。雨水敲打着片片青瓦，时而轻，时而重……仿佛奏一首迎春曲。

春雨是多彩的。它是红的，害羞的桃花、杏花扬起了红扑扑的面庞，海棠花开满枝头，每一片花瓣都红得醉人；它是黄的，迎春花挤满枝条，像一个个金色的小喇叭正使劲儿地吹；它是绿的，垂柳梳理着满头秀发，小草从地下探出了小脑袋……

孩子们没有打伞，在雨中奔跑、嬉戏。雨水落在鼻尖上，凉凉的，柔柔的；钻进脖子里，酥酥的，痒痒的；落在嘴唇上，舔一舔，它甜甜的。

一场春雨过后，整个世界变得崭新崭新的，深深地吸一口，花朵、青草、泥土……各种气味混在一起，这就是春天的味道呀！

小作者这篇作文写的是春雨，从视觉、听觉、触觉、味觉多方面描写了春雨的特点。

一进院子，就看到一棵高大的柿子树。枯黄的树枝上，柿子两个一组，三个一伙，凑在一起，仿佛诉说着什么。那柿子长得扁圆扁圆的，火红火红的，就像一个个小小的红灯笼。秋风已经把枯黄的柿叶吹落，远远看去，只剩下满树的柿子，随着风吹，微微跳动着。柿子打了蜡一样光滑，在落日的余晖里，又像一颗颗泛着光彩的红宝石。

这是一位同学写的一段关于柿子的作文。你能看出有什么问题吗？

没错，就是混乱。一会儿写这里，一会儿写那里，毫无写作顺序可言。

这是写物作文一个常见的通病：一会儿写头，一会儿写尾；一会儿写东，一会儿写西；一会儿写内，一会儿写外。

对于这个问题该怎么解决呢？古诗里有一个最简单的妙招——运用放大镜。

这个放大镜，当然不是我们平常玩乐时用的那种镜子，而是说写一个东西时，从整体开始写起，然后不断地放大，放大，再放大，从整体写到细节，再到细节中的细节。

就好比，你在远处看到一个东西是一个样子，走近点可以看清一些远处看不清的地方，再近点又能看清更多的地方。

从整体到细节 —— 碧玉妆成一树高

从远到近地描写一株垂柳该怎么写呢？来看看诗人贺知章这首诗。

咏 柳

唐·贺知章

碧玉妆成一树高，万条垂下绿丝绦。

不知细叶谁裁出，二月春风似剪刀。

高高的柳树，就像
用绿色的玉妆扮成的。

柔软的枝条就像
垂下来的绿色丝带。

二月的春风就像剪刀，
精心裁出了别致的柳叶。

这首诗第一句写了柳树的整体，高高大大，像碧玉妆扮的一样。第二句放大了一些，能够看清了树的枝条，一根根垂下来，像绿丝带一般。第三句继续放大，能够看清楚树叶了。这些树叶别致细腻，好像谁用剪刀剪裁出的。从柳树大概的形象开始，然后越写越细。读这首诗，你可以想象好像有一架摄像机对着柳树，镜头不断推近，从整体到细节依次展现了出来。

运用"放大镜"不断放大的办法写作文，既符合我们对一件东西外形的认知，也会使文章变得非常有条理，避免写得没有章法而混乱。

另外，这样写还有一个好处，就是可以避免细节的疏漏。

现在我们来改写一下开篇写柿子的段落。

一进院子，就看到一棵高大的柿子树。秋风已经把枯黄的柿叶吹落，树枝上只剩下满树的柿子。（柿树→柿树枝）

柿子两个一组，三个一伙，凑在一起，仿佛诉说着什么。（柿子）

那柿子长得扁圆扁圆的，火红火红的，像一个个红灯笼，又像一颗颗红宝石。（柿子）

柿树→柿树枝→柿子，犹如镜头的由远及近推进，最后定格在柿子的特写上。

紫藤萝瀑布 (节选)

宗璞

从未见过开得这样盛的藤萝，只见一片辉煌的淡紫色，像一条瀑布，从空中垂下，不见其发端，也不见其终极。只是深深浅浅的紫，仿佛在流动，在欢笑，在不停地生长。紫色的大条幅上，泛着点点银光，就像迸溅的水花。仔细看时，才知道那是每一朵紫花中的最浅淡的部分，在和阳光互相挑逗。

……

每一穗花都是上面的盛开，下面的待放。颜色便上浅下深，好像那紫色沉淀下来了，沉淀在最嫩最小的花苞里。每一朵盛开的花就像是一个小小的张满了的帆，帆下带着尖底的舱。船舱鼓鼓的，又像一个忍俊不禁的笑容，就要绽开似的。……

这篇文章中，作者先写总体，写藤萝的颜色和形态，然后慢慢放大看细节，写了每一处的颜色。接着，作者继续放大，写每一穗花的形状、颜色等，最后聚焦到一朵盛开的花上，详细写了紫藤花的形状和带给人的喜悦之感。

狗尾草

王远航

　　要问我最喜欢的植物是什么？说出来你可能不信，我最喜欢的是狗尾草。

　　狗尾草是一种很常见的杂草，总是一丛丛地生长着，只要有风吹过，它们就摇晃个不停，远远看去，就像一条条的狗尾巴在不停地摇摆。狗尾草的上半部分是一条绿色的椭圆形的长条儿，长条边缘冒着一层绵密的白色毛毛，还有一些黄色的颗粒，乍一看像毛毛虫，也像狗尾巴。有些狗尾草的头部会软软地垂下来，有些是竖直的。狗尾草的下半部分是细长的茎，它看起来很脆弱，其实很有韧性。

　　很多人觉得狗尾草一无是处，其实并非如此。它可以被用来编

各种小玩意儿，像老鼠、小狗、小猫、小兔子，还有椅子、桌子，无论编成什么，都是毛茸茸的，很可爱，很受孩子喜欢。

狗尾草还可以作为药材，有清热明目的功效。另外，狗尾草还是五谷之一——谷子的祖先。

我喜欢狗尾草，还因为它的生命力旺盛，无论土地多么贫瘠，条件多么艰苦，它都能蓬勃生长，即使被火烧，被雪冻，它也不会认输，来年春天，它们又会冒出来，在风中欢快地摇荡起自己的"小尾巴"。

小作者采用了放大镜的手法描写狗尾草的形态，先从整体描写它们在风中摇荡的姿态，然后描写它们毛茸茸的草穗，再描写草穗上的颗粒，从整体到细节，不断放大。

融入自己的感悟

有一位老师要学生们写一种植物，很多学生都写了梅花。老师就问他们为什么要写梅花。

有的说："我喜欢梅花，我觉得梅花好看。"

有的说："我奶奶的家里有一株梅花，一想到梅花就想到了我的奶奶。"

有的说："我要像梅花一样，不屈不挠，迎寒盛开。"

还有的说："梅花香自苦寒来，梅花告诉我一个道理，要想有所成就，一定要肯吃苦，肯努力才行。"

第一个学生是因为喜欢梅花而写梅花；第二个是因为梅花寄托了自己对奶奶的思念之情；第三个是梅花寄托了自己做人的志向；第四个是梅花让自己明白了一个人生道理。

简单来说，第一位同学是为了写梅花而写梅花，后三个都是融入了自己的感悟而写梅花。

我们在练习写物作文时，想要让自己的文章立意更加高远，就一定不要为了写某个东西而写某个东西，一定要融入自己的感悟，把自己的情感、志向、体会到的寓意寄托在所写的东西上。

托物寄情 —— 红豆生南国

写物可以把自己的情感寄托在所写的物上，通过写物来写自己的情感。

相 思

唐·王维

红豆生南国，春来发几枝？
愿君多采撷，此物最相思。

红豆生长在南国的土地上，每年春天要长很多新枝。

希望朋友多采集一些红豆，它是最能寄托相思之情的东西。

相传在古代有一位女子，因为思念死去的丈夫，自己哭死在树下，化成红豆。所以，红豆又叫"相思子"。诗人虽然写红豆，却借红豆表达了自己对远在南方朋友的思念。他希望朋友多采摘红豆，似乎在说："看见了红豆，就会想起我。"看起来像是嘱托朋友多想念自己，但自己对朋友的思念之情也巧妙地隐藏在其中。

托物言志 —— 粉骨碎身浑不怕

写物可以把自己的志向和意愿寄托在所写的物上，通过写物来写自己的志向、思想。

石灰吟

明·于谦

千锤万凿出深山，烈火焚烧若等闲。

粉骨碎身浑不怕，要留清白在人间。

石灰石经过千万次锤打从深山里开采出来，面对熊熊烈火焚烧也不当回事。

即使粉身碎骨也毫不惧怕，甘愿把一身清白留在人间。

于谦是明朝大臣，他为官清廉正直，爱国忧民。在这首诗中，他借石头经过千锤万凿、烈火焚烧、粉身碎骨，最终变成洁白石灰的过程，赞扬了勇于自我牺牲、保持忠贞清白品格的精神。虽然是写石灰，但更是在写他自己的志向，立志要做像石灰这样，经过千难万难，依然清清白白、品格高尚的人。

托物寓意 —— 野火烧不尽

写物可以把自己感悟到的深刻道理或哲理寄托在物上，通过写物表达出背后的寓意。

草

唐·白居易

离离原上草，一岁一枯荣。

野火烧不尽，春风吹又生。

古原上长满茂盛的青草，每年都会枯萎了又茂盛。

野外的大火都不能将它烧尽，只要春风一吹，它就会重新长出来。

　　这首诗是写野草的，它枯了，还会再次茂盛，被烧光了，还会再次新生。这是多么顽强的品格呀。诗人通过野草的这种经历，阐述了一个道理：失败和挫折虽然有时很可怕，但只要像野草一样，哪怕枯萎了，哪怕经历了大火，也能勇敢地站起来，绝不轻言放弃，才会迎来新生。

名作欣赏

记一辆纺车（节选）

吴伯箫

我曾经使用过一辆纺车，离开延安那年，把它跟一些书籍一起留在蓝家坪了。后来常常想起它。想起它，就像想起旅伴，想起战友，心里充满着深切的怀念。

白杨礼赞（节选）

茅盾

它没有婆娑的姿态，没有屈曲盘旋的虬枝。也许你要说它不美。——如果美是专指"婆娑"或"旁逸斜出"之类而言，那么白杨树算不得树中的好女子。但是它伟岸，正直，朴质，严肃，也不缺乏温和，更不用提它的坚强不屈与挺拔，它是树中的伟丈夫！

这两段文字都在写物的时候融入了自己的感悟。第一段文字中，纺车寄托了作者对昔日战友和在艰苦岁月中劳动生活的怀念之情。第二段文字中，作者借对白杨树的礼赞，赞美了勤劳、坚韧的北方农民，歌颂了坚强和力争上游的精神。

梅花赞

齐晓

　　外婆家门前有一株梅花树，它开的花是粉色的。梅花的花蕊是一丝一丝的，上面还有一些比芝麻还小的黑点，像一顶小帽子。

　　梅花既不要肥沃的土地，也不要温室优渥的条件，它只把根深扎进地下，便傲然生长。"梅花香自苦寒来。"别的花只在温暖的春夏开放，它却不一样。天寒地冻的季节里，它独自迎寒开放。它坚忍不拔、不畏严寒。它无意争春、不恋盛夏、不居硕秋，只为枯冬添一缕香。

　　啊！我爱梅花的不畏严寒，也爱梅花的淡泊名利。

　　这篇作文中，小作者借外婆家的一株梅花，表达了自己对梅花的热爱之情。整篇文章立意深刻，富含哲理，发人深省。

找其他东西比一比

下面有两幅图，看看哪幅图中的红色花朵更醒目呢？

相信你一定会发现，第一幅图中的红花很多，但是不够醒目。第二幅图虽然只有一朵红花，却能让人一眼就发现"万绿丛中一点红"。为什么红花少的反而更醒目呢？这是因为有了绿叶的对比，更能让人发现红花的独特。

写物作文也是一样。有的同学写了一大堆物体的特点，却没给读者留下太多印象。这时候，你就可以找一些相似的东西来比一比，突出特点。

你可以通过比一比，称赞自己所写的东西。也可以通过比一比，批判自己所写的东西。

通过比较来称赞 —— 唯有牡丹真国色

如果要表现一个东西的美好，可以与其他美好的东西比一比，突出自己所写的东西更美好。

赏牡丹

唐·刘禹锡

庭前芍药妖无格，池上芙蕖净少情。
唯有牡丹真国色，花开时节动京城。

芍药虽然艳丽，
但格调不高。

荷花虽然明净，
但缺少热情。

只有牡丹才是真的国色，开
花的时候轰动整个京城。

　　这首诗是称赞牡丹美艳的。诗人并没有具体描写牡丹的状貌，而是通过与另外两种花的对比来突出牡丹的美。芍药和荷花都是很美、受人喜欢的花。但与牡丹相比，芍药"妖无格"，荷花"净少情"，只有牡丹才是诗人心目中既有外在姿态，又有内在气质的完美之花。这就是与同样美好的东西比较，衬托出自己所描写的东西更好。

通过比较来批判 —— 堪笑牡丹如斗大

　　如果要说自己所写东西的不足，可以与其他东西比一比，能更有力地批判自己所写的东西。

咏牡丹

宋·王溥

枣花至小能成实，桑叶虽柔解吐丝。

堪笑牡丹如斗大，不成一事又空枝。

百无一用是牡丹！

枣花虽然小，但是可以结枣子。

桑叶虽然软，但能养蚕吐丝。

可笑牡丹花虽然大如斗，却什么都不能做。

　　同样是写牡丹，前一首诗是赞美，这一首则恰恰相反。诗人用枣花和桑叶与牡丹进行了对比。与牡丹美丽的外表相比，枣花和桑叶当然毫不起眼。但诗人更注重实用美。小小的枣花可以结出甜美的枣子，软软的桑叶可以养蚕吐丝。花朵如斗大的牡丹呢？一旦开完美艳的花，就花落枝空，什么都留不下，没什么可赞美的。诗人就是用不起眼的东西与自己所写的东西进行了比较，批判了自己所写的东西。

梧桐树 （节选）

丰子恺

在我所常见的庭院植物中，叶子之大，除了芭蕉以外，恐怕无过于梧桐了。芭蕉叶形状虽大，数目不多。那丁香结要过好几天才展开一张叶子来，全树的叶子寥寥可数。梧桐叶虽不及它大，可是数目繁多。那猪耳朵一般的东西，重重叠叠地挂着，一直从低枝上挂到树顶。

作者用芭蕉叶和梧桐叶做比较，一方面突出了梧桐叶的大，另一方面展示了梧桐叶的多。

落花生 （节选）

许地山

花生的好处很多，有一样最可贵：它的果实埋在地里，不像桃子、石榴、苹果那样，把鲜红嫩绿的果实高高地挂在枝头上，使人一见就生爱慕之心。你们看它矮矮地长在地上，等到成熟了，也不能立刻分辨出来它有没有果实，必须挖起来才知道。

作者用花生和桃子、石榴、苹果做对比，说明了花生虽然没有它们那样华丽的外表，却有朴实无华、默默奉献、不计名利的内在品格，更具有教育意义。

野菊花

孟丽萍

当我第一次看到野菊花的时候，我就喜欢上了这种花儿。

无论是平地，还是山谷，甚至是悬崖边，处处可见野菊花的身影。野菊花手拉着手，根连着根，迎着阳光绽放着笑脸。我曾经想挖两株回家种植，妈妈却告诉我，野菊花在盆里是种不活的，它只能在大自然中生长。它不贪图优越的生活条件，它只想在大自然中过着无拘无束的生活。

据说，野菊花还有药用价值。它可以消毒止血、还可以清热败火。

野菊花没有牡丹的高贵典雅、月季的绚丽多彩，也没有玫瑰的芬芳扑鼻、荷花的清丽脱俗。但是我就是喜欢它，喜欢它默默芬芳，喜欢它的平凡朴素，喜欢它热爱自由。

小作者将野菊花与牡丹、月季、玫瑰、荷花进行对比，既体现了对野菊花的喜爱，又突出了野菊花与众不同的地方，把野菊花身上蕴含的精神精准地表达了出来。

图书在版编目（CIP）数据

跟着古诗学写作：全 6 册 / 陈英著；知舟绘 . ——
北京：北京理工大学出版社，2024.7
ISBN 978 - 7 - 5763 - 3717 - 4

Ⅰ . ①跟… Ⅱ . ①陈… ②知… Ⅲ . ①作文课 – 小学
– 教学参考资料 Ⅳ . ① G624.243

中国国家版本馆 CIP 数据核字 (2024) 第 059642 号

责任编辑：申玉琴　　　**文案编辑：**申玉琴
责任校对：刘亚男　　　**责任印制：**施胜娟

出版发行 / 北京理工大学出版社有限责任公司
社　　址 / 北京市丰台区四合庄路 6 号
邮　　编 / 100070
电　　话 /（010）68944451（大众售后服务热线）
　　　　　（010）68912824（大众售后服务热线）
网　　址 / http：//www.bitpress.com.cn

版 印 次 / 2024 年 7 月第 1 版第 1 次印刷
印　　刷 / 北京地大彩印有限公司
开　　本 / 710 mm×1000 mm　1/16
印　　张 / 28
字　　数 / 443 千字
定　　价 / 210.00 元（全 6 册）

开头与结尾

陈英◎著　　知舟◎绘

北京理工大学出版社
BEIJING INSTITUTE OF TECHNOLOGY PRESS

作者

陈 英

高级教师，40年语文"老"教师，曾获得教学成果一等奖，曾担任作文、朗诵、语综等诸多竞赛评委。

陈老师喜欢孩子，痴迷于文学，在陈老师眼里，一诗一句都是五千年中华流淌下来的文明。40年积累的上千节语文课堂实践、写作要点、古诗常识，在陈老师的笔下，抽丝剥茧，去糟取精，浓缩成这套有趣有料的《跟着古诗学写作》，奉献给孩子。

知 舟

原创作者，12年主编主笔。

曾创作多部畅销图书，过往成绩不一一赘述。

曾获得2018年国家出版基金（少儿类）、2018年"原动力"中国原创动漫出版扶持计划、2019年自然资源优秀科普图书等奖项。

目录

开
头
篇

开门见山法

很多同学在写作文开头时存在一个问题——喜欢兜圈子，绕来绕去，不着边际地扯得很远，让人不知道想说什么。

比如，有位同学写《一次有趣的活动》，开头是这样写的：

在小学阶段，哪个学校不搞丰富多彩的课外活动呢？虽然内容不一样，但都是非常有意思的。我们学校也不例外，猜谜语比赛、文艺汇演、科学小实验等。我们班也搞过很多有趣的活动，每一次我都积极参与。你想知道我觉得最有趣的是哪一次吗？告诉你吧，是上个月举办的自制蛋糕活动。

这个开头，从所有学校写到自己的学校，又写到自己的班，最后总算点出了要写的活动，拐弯抹角，写了很多无意义的话。其实，此处最好的开头方法就是：开门见山。

开门见山，从字面理解就是打开门就可以看到山，就写作而言，就是作文一开篇就要直截了当地告诉读者自己这篇文章要写什么。

开头交代人或物 —— 丞相祠堂何处寻

写人和写物的作文，可以在文章开头交代要写的人或物。

蜀 相

唐·杜甫

丞相祠堂何处寻？锦官城外柏森森。

映阶碧草自春色，隔叶黄鹂空好音。

三顾频烦天下计，两朝开济老臣心。

出师未捷身先死，长使英雄泪满襟。

一天，诗人杜甫探访成都城外的诸葛亮祠堂。

他想到诸葛亮辅助蜀国两朝鞠躬尽瘁，可惜病死在出师征战途中，让无数英雄痛惜。

　　这是一首怀古诗。诗的一开始就点出"丞相祠堂"，直截了当地告诉读者，这首诗要写的人物是三国蜀汉丞相诸葛亮。接下来诗的内容，基本都是围绕诸葛亮写的。这就是运用了开门见山的开篇方式。

开头交代背景 —— 剑外忽传收蓟北

写记事的作文，可以在文章开头交代事情发生的背景。这个背景包括时间、地点、环境、事情缘由等。

闻官军收河南河北

唐 · 杜甫

剑外忽传收蓟北，初闻涕泪满衣裳。

却看妻子愁何在，漫卷诗书喜欲狂。

白日放歌须纵酒，青春作伴好还乡。

即从巴峡穿巫峡，便下襄阳向洛阳。

安史之乱，漂泊四川的杜甫因听到叛乱平定的消息，惊喜落泪。

杜甫恨不得马上动身，乘船沿江而下，回到洛阳。

这首诗写了杜甫听到收复蓟北的消息后，开心得不得了，准备收拾行李，返回洛阳。诗的一开头就写到"剑外忽传收蓟北"，不仅点明了事情发生的地点——剑外（剑门关外，指四川），而且也点出了事情发生的缘由——"收蓟北"，为下文的激动心情的表达做好了铺垫。

开头概括特点 —— 蜀道难，难于上青天

写人和写物的作文,还可以在文章开头直接交代所写人或物的特点。

蜀道难（节选）

唐·李白

噫吁嚱，危乎高哉！

蜀道之难，难于上青天！

蚕丛及鱼凫，开国何茫然！

尔来四万八千岁，不与秦塞通人烟。

西当太白有鸟道，可以横绝峨眉巅。

地崩山摧壮士死，然后天梯石栈相钩连。

秦地和蜀地之间被高山峻岭阻挡，两地交通一直以来都很不便。

两地依靠天梯栈道勉强相通。

这首诗，写的是蜀道惊险、难走。诗人一开头就写"蜀道之难，难于上青天"，直接概括出了蜀道的特点——"难"。接下来，作者就围绕一个"难"字，从神话、地理、环境等多个角度描述了蜀道的"难"。

颐和园（节选）

袁鹰

北京的颐和园是个美丽的大公园。

进了颐和园的大门，绕过大殿，就来到有名的长廊。绿漆的柱子，红漆的栏杆，一眼望不到头。这条长廊有七百多米长，分成二百七十三间。每一间的横槛上都有五彩的画，画着人物、花草、风景，几千幅画没有哪两幅是相同的。长廊两旁栽满了花木，这一种花还没谢，那一种花又开了。微风从左边的昆明湖上吹来，使人神清气爽。

走完长廊，就来到了万寿山脚下。抬头一看，一座八角宝塔形的三层建筑耸立在半山腰上，黄色的琉璃瓦闪闪发光。那就是佛香阁。下面的一排排金碧辉煌的宫殿，就是排云殿。

这篇文章写的是颐和园，一开篇就点明了颐和园是一个美丽的大公园，然后再根据游览的顺序介绍颐和园里的各个景点。

我最喜欢的游戏

余智博

在所有的游戏当中，我最喜欢的就是猜成语。

这天，爸爸妈妈一回家，我就拽着他们一起玩猜成语，规则是爸爸用动作表演，我和妈妈猜。

爸爸略一思考，立刻开始了。他在客厅里扭着屁股跳起舞来。看着爸爸滑稽的样子，我和妈妈笑弯了腰。突然，妈妈说："手舞足蹈。"爸爸不小心摔了一个"倒栽葱"，我连忙说："乐极生悲。"于是，我和妈妈各得一分。

接着，爸爸开始第二个表演。他把一个水杯放在桌子上，然后在三米远外，用废纸揉了一些小纸球朝水杯丢，结果一个都没丢进去。妈妈笑着说："这是不是意料之中呀！"爸爸有点尴尬地摇摇头。我想了想，说："百发百中。"爸爸立刻点头说："对对对！"妈妈不高兴了，说："我看着这应该叫百发百不中才对！由于表演者表演太失败，我觉得这局不应该算！"没办法，妈妈是家里的"皇帝"，她的话就是"圣旨"。我和妈妈谁都没得分，依然是平手。

最后一个表演，爸爸把一杯水放在桌子上，围着杯子周围又是唱，又是跳。看着爸爸如此表演，我和妈妈都陷入了沉思。爸爸的表演也越来越快，越来越着急的样子。妈妈试着说："急不可耐？"爸爸摇摇头说："不对，提示一下，这个成语和我的姓有关。"我和爸爸都姓余，想到这里，我眼睛一亮立刻说："是如鱼得水。"爸爸高兴地拍手说："儿子再得一分。儿子赢啦！"说完，爸爸哈哈大笑起来，我也跟着笑了起来，但输了游戏的妈妈也开心地笑起来。

　　这个猜成语就是我最喜欢的游戏了，你觉得有趣吗？

　　小作者的这篇文章开门见山，一开始就点明了自己最喜欢的游戏是猜成语，随后通过和爸爸妈妈一次猜成语的经历，突出了这个游戏的乐趣。

设置悬念法

你知道《名侦探柯南》吗？

每篇故事，一开始都会营造一种紧张的氛围，让人带着"嫌疑犯是谁""柯南怎么侦破案件"的悬念读下去。

我们在写作时，也可以采用类似的开头方法：**设置悬念**。

设置悬念，是为了启发读者思考，引发读者的阅读兴趣。

利用问题设悬念 —— 问余何意栖碧山

在文章的开头抛出一个问题，能够让读者产生思考，并产生在阅读中寻找答案的兴趣。

山中问答

唐·李白

问余何意栖碧山，笑而不答心自闲。

桃花流水窅然去，别有天地非人间。

有人问李白为什么隐居在碧山，李白笑而不答。

"这里潺潺流水送桃花，别有一番天地呀！"

这首诗一开篇就抛出一个问题，不禁让读者也跟着想："诗人为什么要隐居在碧山呢？"如此一来，读者就会产生寻找答案的兴趣。接着，诗人写了碧山里桃花流水的美景。其实这是在回答开头的问题——因为这里景色别有一番天地，所以隐居在这里！

利用情节设悬念 —— 山顶千门次第开

在文章开头利用情节设置悬念，可以让读者瞬间产生兴趣。

过华清宫

唐·杜牧

长安回望绣成堆，山顶千门次第开。

一骑红尘妃子笑，无人知是荔枝来。

骊山顶华清宫的门一个个全都打开，一人骑马风尘仆仆而来。

没有人知道，这是从南方给杨贵妃送荔枝来了。

这首诗的开头巧设了一个悬念。骊山的华清宫皇家别院，重重大门都打开了。为什么呢？原来是有一人一马疾驰而来。是不是发生紧急军情了呢？读者不禁产生了兴趣，想一探究竟。直到最后才知道，原来是为杨贵妃送荔枝的人到了。诗人通过这首诗讽刺了为了满足杨贵妃一己之私，千里送荔枝的荒唐之举。

最后一课（节选）

（法）都德

那天早晨上学，我去得很晚，心里很怕韩麦尔先生骂我，况且他说过要问我分词，可是我连一个字也说不上来。我想还是别上学了，到野外去玩玩吧。

天气是那么暖和，那么晴朗！

画眉在树林边婉转的唱歌；锯木厂后边的草地上，普鲁士士兵正在操练。这些景象，比分词用法有趣多了；可是我还能管住自己急忙向学校跑去。

文章一开头就是"我"上学要迟到了，要被老师骂。究竟会不会挨骂？会挨怎样的骂？还是会有其他意外发生呢？这就是本文设置的悬念。

挑刺记

穆楚成

妈妈手里捏着一枚寒光闪闪的针朝我逼来。我吓得立刻闭上了眼睛。

这事要从我的"手欠"说起。下午，我从楼下经过，看到垃圾桶旁边丢着几根木棍，就随手拿起一根当"宝剑"舞着玩儿。突然，一阵剧烈的刺痛从手上传来。我扔掉木棍一看，一根木刺刺进了我的手掌里。

我连忙用另一只手去挤，可那根木刺就像长在了里面，疼得我眼泪都出来了，它却依然纹丝不动。我知道如果不赶快处理，后果可能会很严重。我立马跑回家给妈妈看。妈妈说要切开一个小口子，把刺挑出来。我一听，就被吓得魂都丢了，那不是要痛死我吗？可是在妈妈的百般劝说下，我不得不妥

协，何况早点把刺弄出来，我还能少受些苦。

这个小手术主刀的是妈妈，为了防止发生意外，她还喊来一个"护士"，就是我的爸爸。爸爸负责控制住我的手，不让我的手乱动。一切准备好后，妈妈就拿起针，蘸上碘酒，慢慢地刮着皮肉，表皮渐渐被刮出一个口子。开始我忍不住偶尔睁开眼偷偷看一下，随着针刺得越来越深，疼痛也不断加重，我干脆紧紧地闭上了眼睛。随着妈妈的一声"好了"，手术完成，那根可恶的木刺被挑出去了。

现在想起来，当时也没多痛，忍一忍就过去了。

这篇作文一开始，就营造了一个既紧张又充满悬念的画面——妈妈为什么捏着针？为什么朝我走来？我为什么害怕？究竟发生了什么事？读者看到这样的开头，就会带着诸如此类的疑问迫不及待地往下看，寻找谜底。

追忆往昔法

啥都懂

所谓追忆往昔法，就是在文章的开头对过去的人、事、物进行回忆的方法。

可以是看到某个场景、事物，睹物思人回忆过去。

比如，摸着这件衣服上的补丁，我的思绪又回到了那一天……

可以是对过去发生的某件事做出评论。

比如，一想到那件事，我就十分后悔……

运用追忆往昔法开头，能引起读者的好奇心，带领读者走进回忆中，去挖掘事情的"真相"。

比如，每当打开相册，看到那张熟悉的面孔，我的思绪便会不由自主地回到三年级的那个夏天。

看到这个开头，读者忍不住会猜：照片中那张面孔是谁？"他"和作者之间发生过什么事？

于是，读者就会跟着作者的回忆回到"三年级的那个夏天"，一探究竟。

睹物思人 —— 人面桃花相映红

睹物思人、触景生情……都可以用在文章开头，引出正文。

题都城南庄

唐·崔护

去年今日此门中，人面桃花相映红。

人面不知何处去，桃花依旧笑春风。

看到盛开的桃花，就想起去年在这里偶遇的那位姑娘，她的面庞和桃花交相辉映。

时隔一年，故地重游，那位姑娘已不知去了哪里，只有满树桃花迎接着春风。

诗人来到一户庄园外，引起了他的一段回忆。去年这个时候，他曾来过这里，这里桃花盛开，而且庄园里还出来一位女子招待他。女子美丽的容貌和桃花交相辉映。现在桃花依旧像去年一样地开着，但那个美丽的女子却不知去了哪里。桃花灿烂如昨，人面却不知何处，无限的怅惘之情蕴含其中。

一件珍贵的衬衫（节选）

刘宗明

在我的家里，珍藏着一件白色的确良衬衫。这不是一件普通的衬衫，这衬衫，凝聚着敬爱的周总理对工人群众的阶级深情。每当我看到它，周总理那高大光辉的形象就浮现在我的眼前；每当我捧起它，就不由得回想起那激动人心的往事。

那是 1972 年 8 月 3 日的夜晚。我在马路上骑自行车，不留神插进了快行线。突然一声紧急刹车，一辆大型"红旗"轿车紧贴着我身体的左侧，嘎地停住了。我刚扭过头，这辆车后座旁的窗帘唰地拉开了。周总理那慈祥的面容立即跃入了我的眼帘。啊！我仔细再看看，真是我们敬爱的周总理。周总理正亲切地注视着我，目光中充满了关切，充满了爱护，像在询问：同志，碰着了吗？受伤没有？这时，总理的司机走下车来，站在我身旁问我："同志，碰着没有？"我赶忙回答："没事儿！没事儿！"有关人员迅速察看了现场，决定留下另一辆"红旗"轿车送我去医院检查，总理的车才开走了。

这篇文章的开头通过一件白色的衬衫，想到了周总理，继而回忆起"我"和周总理之间发生的一件往事。接着，作者详细讲述了这件往事，也交代了这件白色衬衫的来龙去脉。

可怜的泥娃娃

郑艺源

我的玩具箱里，珍藏了一个残破的泥娃娃。每当看到它，我就会想起那次泥娃娃洗澡的事。

那天，爸爸妈妈都不在家，我闲着没事做，就找来我的好朋友——泥娃娃玩。玩了好半天，我弄得脸脏手脏的。我怕妈妈回来批评我，就连忙好好洗了一通。洗完后，我看着同样一身脏的泥娃娃就想：为什么不给泥娃娃也洗洗呢？想到这里，我就打来一盆清水，拿来毛巾，然后就把泥娃娃泡进水里，开始给泥娃娃洗澡了。

我一边洗一边美滋滋地想：妈妈回来看到了，一定会表扬我的。水盆里的清水变得越来越脏，我心里说："没想到泥娃娃这么脏，早就该洗洗了。"正当我沉浸在美好的想象中时，我无意中看到泥娃娃的脸，天啊！这张脸怎么变得这么扭曲了？鼻子没了，耳朵变形了，眼睛也歪到了一边。怎么会这样？我一下子慌了神，赶忙把它捞出来，到处找它的鼻子，可怎么找也找不到，急得眼泪在眼眶里直打转。

　　这时，妈妈回来了，看到我的样子，再一看被我糟蹋得不成样子的泥娃娃，哈哈笑起来。妈妈对我说："小傻瓜，泥碰到水就会化的。不能洗！"

　　这件事虽然过去很久，但我一看到那个泥娃娃就会忍不住笑出声来。

　　这篇小作文通过一个"面目全非"的泥娃娃，打开了作者的思绪，追忆她和泥娃娃之间曾经发生的一件事。整个故事风趣幽默，不仅作者，就连读者读后也会印象深刻。

神话历史法

有一句名言，叫作"一切历史都是当代史"。

这句话简单一点理解，就是今天发生的事，历史上曾经也发生过类似的；今天的某个人物，历史上曾经也出现过类似的……

写作文的时候，我们完全可以"以史为鉴"。

在你想要写人、物、事，或者想表达观点、情感时，可以试着从神话传说、历史中找找有无相对应的。

采用神话、历史事件作为文章的开头，既能够一目了然突出作文的主题，又能使作文主题得到升华。

所以，如果你对神话、历史很熟悉，何不尝试采用神话、历史来为作文开头呢？

用神话传说开头 —— 精卫衔微木

神话传说往往表现了某种精神，写突出某种精神主题的作文可以试着用神话开头。

读《山海经》

东晋·陶渊明

精卫衔微木，将以填沧海。

刑天舞干戚，猛志固常在。

同物既无虑，化去不复悔。

徒设在昔心，良辰诇可待！

精卫鸟衔着小木枝，要填平沧海。

刑天被斩首后，仍然挥舞着盾斧，斗志始终不减。

陶渊明是东晋大诗人。后来东晋被刘宋灭亡，他用诗歌表达自己的不平和反抗的精神。开篇他用了"精卫"和"刑天"两个神话。炎帝的女儿在东海游泳被淹死，她化成精卫鸟每天叼着木石要填平大海。刑天与黄帝争斗被砍了头，但他双乳变成眼睛，肚脐变成嘴，仍然继续战斗。这两个神话充分表现了百折不挠的意志和顽强斗争的精神，恰巧与诗人要表现的主题吻合。

用历史事件开头 —— 王濬楼船下益州

历史事件往往蕴含着某些道理或情感，当与自己作文表现的道理或情感相似时，就可以用历史开头。

西塞山怀古

唐·刘禹锡

王濬楼船下益州，金陵王气黯然收。

千寻铁锁沉江底，一片降幡出石头。

人世几回伤往事，山形依旧枕寒流。

今逢四海为家日，故垒萧萧芦荻秋。

西晋的王濬率领楼船沿江而下，消灭了东吴，统一了全国。

西塞山依然背靠长江，但昔日的军事要塞已变成一片芦苇丛中的废墟。

唐朝"安史之乱"后，藩镇割据严重，国家勉强维持着统一的局面。这时候，诗人来到西塞山，想到了这里曾经是东吴时期的军事要塞，就写下了这首诗。诗的开头写的是西晋王濬楼船灭吴统一国家的历史事件。诗人借这个事件，表达了期望国家统一的美好愿望。

名作欣赏

论雷峰塔的倒掉（节选）

鲁迅

　　然而一切西湖胜迹的名目之中，我知道得最早的却是这雷峰塔。我的祖母曾经常常对我说，白蛇娘娘就被压在这塔底下！有个叫作许仙的人救了两条蛇，一青一白，后来白蛇便化作女人来报恩，嫁给许仙了；青蛇化作丫鬟，也跟着。一个和尚，法海禅师，得道的禅师，看见许仙脸上有妖气，——凡讨妖怪作老婆的人，脸上就有妖气的，但只有非凡的人才看得出——便将他藏在金山寺的法座后，白蛇娘娘来寻夫，于是就"水漫金山"。我的祖母讲起来还要有趣得多，大约是出于一部弹词叫作《义妖传》里的，但我没有看过这部书，所以也不知道"许仙""法海"究竟是否这样写。总而言之，白蛇娘娘终于中了法海的计策，被装在一个小小的钵盂里了。钵盂埋在地里，上面还造起一座镇压的塔来，这就是雷峰塔。此后似乎事情还很多，如"白状元祭塔"之类，但我现在都忘记了。

　　鲁迅先生在这篇文章的开头写"白蛇传"的传说，借雷峰塔的倒掉，赞扬了白娘子为争取自由和幸福的反抗精神，并赋予雷峰塔"镇压之塔"的象征，为全文反封建的主题奠定了基础。

彼 岸

杨以墨

"采菊东篱下，悠然见南山"是归居田园的陶渊明向往的彼岸，"横扫六国，统一天下"是秦始皇追求的彼岸。航行在人生的海洋上，我常常问自己，属于我的那一片彼岸，又会是什么样子呢？我思索着……

炎热的暑假，我为了自己的梦想出发啦！——参加小记者的面试。身处紧张的考场，面对强大的竞争对手，我手心直冒汗，腿都有点抖，心里的勇敢天使与胆怯恶魔一直在斗争。最终，胆怯恶魔战胜了勇敢天使，我失去了一次又一次的表现机会，可想而知，我落选了。我流泪了，懊悔，也自责，好像前方笼罩了浓浓的迷雾，梦想的样子越来越模糊了。

"复活之争"将是我最后一次机会了。对着镜子，我开始了"狂补"，一遍又一遍地背诵知识、练习演讲、锻炼胆量。功夫不负有心人，我听到现场响起了掌声，我知道，那只飘摇不定的小船，终于穿破了层层的迷雾，停泊在了一片坚实的岸边。"努力"，让我梦想的彼岸不再遥远。

李白说："长风破浪会有时，直挂云帆济沧海。"克雷洛夫说：

"现实是此岸，理想是彼岸，中间隔着湍急的河流，行动则是架在河上的桥梁。"无论是李白的"直挂云帆"，还是克雷洛夫的"桥梁"，那都是自己的行动、自己的努力和自己的坚持不懈啊！入选小记者这件事，可能只是生活当中的小小浪花。但是，它让我懂得了怎样走向成功、怎样到达理想彼岸的道理。

我已经学会，以后生活中，面对横在我面前的一条条河流，只要有"努力"做桨，"行动"做帆，那么，彼岸就不会遥远。

"彼岸"也就是人生努力奋斗的目标。小作者用陶渊明和秦始皇两个历史人物的事迹开头，表达了人一定要有自己的"彼岸"，并且不断地朝其前进，才能成就一番功业。

借物起兴法

同学们有没有发现，古人在写诗歌或者文章的时候，开头总是写一些看起来似乎和文章没关系的东西。

比如，"诗仙"李白著名的《将进酒》：

"君不见，黄河之水天上来，奔流到海不复回。"

整篇诗是写诗人和朋友饮酒高歌，抒发人生感慨的，可一开篇却写黄河水。

这种看似与文章内容关系不大的开头，就是"借物起兴"。

所谓借物起兴，就是用别的事物作为开头，然后在此基础上引出要写的事物和要表达的思想感情。

借物起兴侧重对事物的特征进行描绘和渲染，使事物生动形象、具体可感，以此引发读者联想和想象，给人以鲜明深刻的印象，还可以使深刻的、抽象的道理浅显、具体地表达出来。

起兴所借的物要与所表达的主题有内在的联系。

明喻的借物起兴 —— 关关雎鸠，在河之洲

有的借物起兴，所借的物与自己要表现的主题关系很明显。

关雎（节选）

《诗经》

关关雎鸠，在河之洲。
窈窕淑女，君子好逑。

成双成对的雎鸠鸟，相伴在河中的小沙洲。

美丽贤淑的姑娘，正是君子好的伴侣。

    这是《诗经》中的第一首诗，内容描写的是一个"君子"追求"淑女"的故事。诗的一开篇写了一对雎鸠鸟，它们在河洲相互应和地鸣叫。通过雎鸠鸟相互和鸣，相互依恋，引出后面君子和淑女的故事。这就是典型的借物起兴，成双成对的雎鸠鸟和"君子"追求"淑女"的主题关系非常明显。

隐喻的借物起兴 —— 锦瑟无端五十弦

有的借物起兴，所借的物比较隐晦，需要真正弄明白所借之物和所写主题才行。

锦 瑟

唐·李商隐

锦瑟无端五十弦，一弦一柱思华年。

庄生晓梦迷蝴蝶，望帝春心托杜鹃。

沧海月明珠有泪，蓝田日暖玉生烟。

此情可待成追忆，只是当时已惘然。

瑟是一种乐器，它有五十根弦。

瑟上的一弦一柱都叫我追忆青春年华。

这首诗是诗人追忆自己的青春年华，感伤自己不幸的遭遇，寄托了悲愤的心情。但诗却以一种乐器开头，而且是"瑟"这种比较奇怪的乐器。音乐最容易触动人的感情。瑟有五十根弦，用这么多的弦弹奏出来的音乐多么复杂呀，抒发复杂的情感，该有多么哀伤呢？诗人用瑟来起兴，就隐晦地表现出自己的心情像瑟一样繁复。

春末闲谈（节选）

鲁迅

　　北京正是春末，也许我过于性急之故罢，觉着夏意了，于是突然记起故乡的细腰蜂。那时候大约是盛夏，青蝇密集在凉棚索子上，铁黑色的细腰蜂就在桑树间或墙角的蛛网左近往来飞行，有时衔一支小青虫去了，有时拉一个蜘蛛。青虫或蜘蛛先是抵抗着不肯去，但终于乏力，被衔着腾空而去了，坐了飞机似的。

　　……

　　三年前，我遇见神经过敏的俄国的E君，有一天他忽然发愁道，不知道将来的科学家，是否不至于发明一种奇妙的药品，将这注射在谁的身上，则这人即甘心永远去做服役和战争的机器了？那时我也就皱眉叹息，装作一齐发愁的模样，以示"所见略同"之至意，殊不知我国的圣君，贤臣，圣贤，圣贤之徒，却早已有过这一种黄金世界的理想了。

　　……

　　鲁迅先生的这篇文章本要讽刺和批评统治阶级的虚伪和险恶，揭露他们对人民实施的麻痹的统治术。但作者却以细腰蜂对青虫和蜘蛛实施的麻醉术开头，借此起兴，以此来引出作者文章的真正主旨。

追寻理想

蒋玉海

远航的轮船有灯塔做指引，成功达到彼岸。人在世间生活，需要理想的指引。作为小学生，我们要树立起远大的理想。

理想是人生的指南针，为我们指明前行的方向。有了理想，我们才有了目标，才有了方向，才有了动力。敬爱的周总理，他的理想是拯救深陷战火和苦难的百姓，建立一个全新的中国，让中华民族傲立于世界东方。正是这种胸怀天下的理想，让周总理踏上了革命的征程，喊出了"为中华之崛起而读书"。在革命的道路上，周总理遇到过很多挫折坎坷，也曾陷入低谷，但他始终没有放弃对理想的追求，和其他有着相同理想的领导人，共同带领全国人民披荆斩棘，建立了新中国。正是理想的指引，让周总理不惧艰险，奋力前行。

今天，中国已经崛起了，但依然有无数的人怀着让人民幸福、国家强盛的理想继续前行。你看，当疫情来临时，我们的理想是战胜疫情，于是一批批医务人员逆行出征，最终取得了抗击疫情的成功。你看，当发展高科技的号角吹响时，我们的理想是在各个科技领域大力发展，于是一大批科技工作者深入钻研，忘我工作，航天、5G

技术、芯片……一颗接一颗的科技果实长大、成熟。对理想的追求，激励着我们不断奋斗，让我们国家在富强的道路上大步迈进。

无数人为我们树立了榜样，告诉我们正确的方式。年幼的我们，更应该追求远大的理想，为实现中华民族的伟大复兴而奉献自己。

开篇借"轮船""灯塔"起兴，表达了人需要有理想做指引，只有树立远大的理想，并且奋力前行，才能不枉一生。

啥都懂

我们平时写的作文，很多都是写过去的某件事、某个人或者某个地方，都是带有回忆性质的。

很多学生开头都是"有一天""有一次"等。

好一点的会变成"看到……，我就会想到……"，或者"啊，那天我真的……""那次我感到……"，等等。

类似这样的开头，显得非常敷衍，毫无技巧，吸引不了读者的眼球。

其实，这样的开头只需要稍微改动一下，就会变得非常精彩。怎么改呢？

时空转换。

上面说的几种开头，都是从现在回忆过去。

如果转换成从未来回忆现在，从未来回忆过去，更高级一点，从现在畅想在未来的一天回忆过去，这么一来，普普通通的一次回忆，就变得意义不同了。

时空的巧妙转换 —— 却话巴山夜雨时

如果从未来回忆现在，那么未来就变成了现在，现在就变成了过去。

夜雨寄北

唐·李商隐

君问归期未有期，巴山夜雨涨秋池。

何当共剪西窗烛，却话巴山夜雨时。

"你问我回家的日期，我还没定好。今晚巴山的秋雨很大，涨满了水池。"

"等我们见面后秉烛夜谈，再跟你细说我今晚巴山听雨的心情。"

诗人在巴山的一个雨夜读到亲人的来信。他思念亲人，一定想到了很多和亲人过去美好的日子。但诗人并没有回忆过去，而是巧妙地利用时空转换，畅想将来和亲人团聚的时候，诉说现在雨夜自己的思念之情。今天写未来会回忆今天，这个回忆巧妙地把未来当成了现在，把现在当成了过去。

百年孤独（节选）

（哥伦比亚）马尔克斯

　　多年以后，奥雷连诺上校站在行刑队面前，准会想起父亲带他去参观冰块的那个遥远的下午。当时，马孔多是个二十户人家的村庄，一座座土房都盖在河岸上，河水清澈，沿着遍布石头的河床流去，河里的石头光滑、洁白，活像史前的巨蛋。

　　……

　　这是一个经典的时空转换的开头，作者先写未来的时空——多年以后，奥雷连诺上校面对行刑队。接着，又以未来写现在——想起参观冰块的遥远下午。从现在的角度交代未来的结局，又从未来的结局回到现在的叙事。

那个身影

李赛

或许在很久以后，站在儿童游乐场的门口，我依然会像今天一样止不住四处观望，在人群中寻找那个军绿色的身影。

那是我 6 岁那年的秋天，爸爸开车带我去游乐场玩。爸爸平时工作很忙，很少有时间带我出来玩。我恨不得汽车长上翅膀，瞬间飞到游乐场。到了游乐场外，爸爸要找地方去停车，可我怎么能按捺住兴奋的心情呢，催着让爸爸在路边停车，我要先进去。爸爸没办法，只好依了我停车。没等爸爸嘱咐，我一把打开车门，冲了出去。

我刚跑到马路中间，意外发生了。刺耳的鸣笛声，小货车紧急刹车与地面的摩擦声，十米、八米、六米……距离越来越近。那一刻，我脑袋里彻底空白了，不知道自己该干什么，一双腿像灌满了水泥，定在了马路上。就在双眼闭上的瞬间，我的余光扫到一个军绿色的身影闪电般扑向我。紧接着一双大而有力的手抓住了我。恍惚中，只看到那个军绿色的身影在我面前不停地问我："小朋友，你没事儿吧？小朋友……"

我被吓傻了。不知道过了多久，我发现自己已经在爸爸怀里了。爸爸问我有没有哪儿不好，我张不开口，只努力摇了摇头。接着，爸爸手一指对我说："快，谢谢解放军叔叔！"我顺着爸爸的手指，看到一个高大的军绿色身影，可我依然张不开口。爸爸埋怨我："怎么这么没礼貌！"那个解放军叔叔摸了摸我的头说："被吓着了。看好孩子，我走了。"

　　军绿色的身影渐渐消失。这么多年，每当我来到游乐场门口，就会下意识地寻找那个救了我的军绿色身影，想亲口对他说一句迟到的"谢谢"。

　　这篇文章的开头运用了时空转换的方法，表现了小作者以前、现在、未来对"军绿色"背影的念念不忘之情。

万能开头法

"万能开头法"就是不论写什么题材的文章，都可以用写景来开头。

写景不是随便写，需要从众多景物中挑选出符合文章主题的景物。

《渔歌子》中利用"山""白鹭""桃花""流水""鳜鱼"来引出要写的渔夫。

《塞下曲·其三》的"月黑雁飞"烘托了紧张、凶险的环境，为下文将军的英勇做了铺垫。

《静夜思》中寂静的夜里，清冷的月光勾起了游子思乡之情。

优秀作家笔下的景物并不仅仅是眼前的所见，而是融入了作家内在情感的生命体，因此与主题息息相关。

预设人物场景 —— 西塞山前白鹭飞

如果要写一个悠然自得钓鱼的"渔翁"你会怎么开头呢？怎样才能从一开头就让读者感觉到悠然的意味呢？来看看古人是怎么写的。

渔歌子

唐·张志和

西塞山前白鹭飞，桃花流水鳜鱼肥。

青箬笠，绿蓑衣，斜风细雨不须归。

白鹭在西塞山前飞，桃花盛开，春水上涨，肥大的鳜鱼时而跃出水面。

一个渔翁，头戴青色箬笠，披着绿色蓑衣，在斜风细雨中垂钓。

这首诗一开头就展现了优美的水乡风光——白鹭在山前悠闲地飞着，岸上桃花盛开，春水中肥美的鳜鱼时而跃出水面，简直就像一幅山野水墨画一般优美。这样的景物下缺少些什么呢？当然是缺少人啦。于是，诗人自然而然地引出了渔翁。他戴着青色的箬笠，披着绿色的蓑衣在钓鱼。天上下着斜斜的细雨，可他仍然不回家。是因为钓不到就会饿肚子吗？如果这样理解，那就和开头优美的景物描写相矛盾了。渔翁是怀着愉快的心情在钓鱼，体现的是渔翁悠闲自在的生活。

环境烘托气氛 —— 月黑雁飞高

如果要描写一场战斗前的场景，你会先写什么呢？写将士们坚毅的目光？还是映着寒光的兵器？来看看诗人卢纶是怎么写的。

塞下曲·其三

唐·卢纶

月黑雁飞高，单于夜遁逃。

欲将轻骑逐，大雪满弓刀。

雪夜，敌将趁夜逃跑。休息的大雁被惊动，高高飞了起来。

将军立刻率领一队轻骑追杀，大雪落满将士的弓刀。

这首诗一开头就写出一种不寻常的场景。在黑暗的夜里，看不到月亮，但大雁高飞。大雁是昼行的鸟，黑漆漆的夜里为什么要高飞呢？原来是敌将趁夜逃跑。虽然有夜色的掩护，但被惊动的大雁还是暴露了敌将的意图。于是，轻骑整装待发，追击逃散的敌军。

"月黑"的雪夜，"雁飞高"的声音，就像战场上突然响起的冲锋号，一下子打破了沉寂，预示着一场战斗即将开始。

你瞧，短短五个字的景物描写，既交代了时间，又透露出了些许事情的原委，并且烘托出了战斗前的紧张气氛。

借景抒发情感 —— 床前明月光

如果要用最简的文字抒发游子的思乡情，你会从何处起笔？来看看大诗人李白是怎么写的。

静夜思

唐 · 李白

床前明月光，疑是地上霜。
举头望明月，低头思故乡。

清冷的月光洒下，好像一层霜。抬头看着天上的明月，低头思念远方的家乡。

李白的诗以雄奇的想象著称，但这首诗没有奇特的想象，没有精美的辞藻，只是简单的叙述，却成为千百年来非常受人喜欢的思乡诗。

诗的开头只描写了一种景物——月。清冷的月光在寒秋洒向地面，让人以为是秋天的银霜。夜深人静，望着月亮止不住就会想到远方的家乡和亲人。家乡的亲人这时候在做什么，也和我一样睡不着看月亮吗？月亮圆了缺，缺了圆，年华易逝，亲人的模样也一定变了很多，但诗人对亲人的思念和亲人对诗人的思念，是一样的，就像天上的月亮，虽然相隔万里，但看的是同一个。

一轮秋夜的月亮，浓缩了诗人的思乡之情，这比写一大堆景物都要让人印象深刻。

故 乡 (节选)

鲁迅

我冒了严寒，回到相隔二千余里，别了二十余年的故乡去。

时候既然是深冬；渐近故乡时，天气又阴晦了，冷风吹进船舱中，呜呜的响，从蓬隙向外一望，苍黄的天底下，远近横着几个萧索的荒村，没有一些活气。我的心禁不住悲凉起来了。

阿！这不是我二十年来时时记得的故乡？

在鲁迅先生的笔下，相隔两千多里，阔别了二十多年的故乡竟然这般的萧条，好似荒村。作为一个远在他乡的人，看到故乡这样的模样，心情自然就会悲哀，同时也为后文中作者对所见的人、所遇的事感到"破灭、悲愤、痛苦"奠定了基调。

学钓鱼

刘开心

瓦蓝的天空上，飘着几朵洁白的云，树上的鸟儿跳来跳去地玩耍着，叫着，好不欢快！它们一定是知道我今天第一次跟爷爷去学钓鱼，在为我加油呢。

到了河边，我拿出自己准备好的钓具和鱼饵，跟着爷爷一步步做。首先把鱼饵穿在渔钩上，然后调节渔竿上的浮标，一边调节一边把渔线扔到河里试试水位。好容易把浮标和水位调整好了。

接下来就开始钓鱼了。可等了好一会儿，浮标还是一动不动，可把我急坏了。爷爷笑着对我说："别性急，你这样乱动会把鱼吓跑的，想钓到鱼需要有耐心。"又等了一会儿，突然扑通扑通好像有动静，浮标也在跳动。我猛地一拉，可是什么都没有，鱼饵还

不见了。这时，爷爷的浮标也在动了，只见他轻轻提起渔竿猛地一拽。哇！好大一条鱼啊！我心想：同样是浮标跳动，怎么我就没钓到呢？爷爷似乎看透了我的心思，说："不要泄气，继续穿鱼饵再试试。"于是，我又开始了第二次钓鱼。吸取了第一次的教训，我眼睛死死盯着浮标一动不动，一分钟、两分钟、三分钟……不知过了多久，浮标有了一点动静，后来动得越来越厉害，正在它沉下去的那一刻，我猛地一拉！一条鲜活的鱼儿被钓出水面。

　　"我钓到鱼啦！我钓到鱼啦！"

　　在回家的路上，我开心地哼着小曲，树上的小鸟也跟着我的小曲叽叽喳喳地为我喝彩。我不仅学会了钓鱼，还明白了"心急吃不了热豆腐"的道理。

　　小作者在文章的开头写了清晨的几处景物：瓦蓝的天空、洁白的云、树上的鸟儿，这些景物轻松明快，也侧面反映了小作者在去钓鱼路上轻松期待的心情。

内容篇

围绕中心写

每篇文章都要有中心，即文章的主题，也就是文章想要传达给读者的东西。

围绕中心写就是文章的选材、架构都要紧扣主题，合理安排详略。

围绕中心写可以选择具有相同主题的材料来写。如《泪》中写了好多故事和人物，看似不相关，但都饱含了"泪"的主题。

围绕中心写还可以从不同的侧面来展示主题。如《阁夜》中从环境、所见、所闻、所感等角度描写一幅战乱即起、百姓流离的画面，表现出诗人的悲壮、忧愤。

优秀的作家，字字句句都不离中心。因此，在读优秀作品时，一定要好好揣摩中心是什么，作者是如何围绕中心写作的。比如，老舍先生写"养花"，全篇都是在讲养花，但作者的深意在养花的背后，那就是："生活真美妙啊！不劳动，连花都养不活。"

这种更高级的表达方式，正是我们要尝试努力去做的。

多材料围绕中心 —— 永巷长年怨绮罗

如果让你以"泪"为主题写一篇作文你会怎么写？你多半会写一篇自己或者别人伤心流泪的往事。来看看李商隐是怎么写的。

泪

唐·李商隐

永巷长年怨绮罗，离情终日思风波。

湘江竹上痕无限，岘首碑前洒几多。

人去紫台秋入塞，兵残楚帐夜闻歌。

朝来灞水桥边问，未抵青袍送玉珂。

失宠的宫女、离别的亲人、思念丈夫的湘妃、怀念羊祜德行的百姓、远离故土的王昭君、战败亡国的项羽，他们的泪都比不上卑微的寒士送别达官贵人的泪。

这首诗的主题是"泪"，但全诗没有一个"泪"字。前六句写失宠的宫女、想念亲人的游子、泪洒青竹的湘妃、怀念羊祜的百姓、出塞的昭君、兵败的项羽。这些人物粗看似乎没有关系，但他们都展示了共同的主题，就是人世间的泪。最后两句，诗人话锋一转，自己一腔热血，非但壮志难酬，还要对达官贵人们迎来送往、低声下气，心灵上流淌着苦涩的泪。

这么一来，诗人不仅紧密地围绕着中心写，还通过自身感悟，带入浓浓的情感，使主题升华。

多侧面围绕中心写 —— 五更鼓角声悲壮

阁 夜

唐·杜甫

岁暮阴阳催短景，天涯霜雪霁寒宵。

五更鼓角声悲壮，三峡星河影动摇。

野哭千家闻战伐，夷歌数处起渔樵。

卧龙跃马终黄土，人事音书漫寂寥。

年末的一个冬夜，诗人杜甫遥望蜀地，想到那里此刻战鼓和号角响起。

战乱一起，百姓的哭声响彻四野，多少人家破人亡，流离失所啊。

忧国忧民的诗人杜甫在这首诗中写出了对战争的痛恨和无奈。寒冷冬夜，霜雪飘飞，战鼓与号角声，在这样的夜晚显得更加清晰悲壮。战鼓响起，百姓的哭号声就随之而起，战争就预示着无数人家破人亡。发动战争的人会有什么结局呢？即使像诸葛亮、公孙述这样具有雄才伟略的人物，最后也不过是一堆枯骨。

诗人分别从环境、所见、所闻、百姓的反应及历史史实等不同侧面写了战争带来的危害以及诗人的感伤。

养花 (节选)

老舍

我爱花，所以也爱养花。我可还没成为养花专家，因为没有工夫去研究和试验。我只把养花当做生活中的一种乐趣，花开得大小好坏都不计较，只要开花，我就高兴……

……

我不是有腿病吗，不但不利于行，也不利于久坐。我不知道花草们受我的照顾，感谢我不感谢；我可得感谢它们。我工作的时候，总是写一会儿就到院中去看看，浇浇这棵，搬搬那盆，然后回到屋里再写一会儿，然后再出去。如此循环，让脑力劳动和体力劳动得到适当的调节，有益身心，胜于吃药。要是赶上狂风暴雨或者天气突变，就得全家动员，抢救花草，十分紧张。几百盆花，都要很快地抢到屋里去，使人腰酸腿疼，热汗直流。第二天，天气好了，又得把花都搬出去，就又一次腰酸腿疼，热汗直流。可是，这多么有意思呀！不劳动，连棵花也养不活，这难道不是真理吗？

53

送牛奶的同志进门就夸"好香"，这使我们全家都感到骄傲。赶到昙花开放的时候，约几位朋友来看看，更有秉烛夜游的味道——昙花总在夜里开放。花分根了，一棵分为几棵，就赠给朋友们一些。看着友人拿走自己的劳动果实，心里自然特别欢喜。

当然，也有伤心的时候，今年夏天就有这么一回。三百棵菊秧还在地上（没到移入盆中的时候），下了暴雨，邻家的墙倒了，菊秧被砸死三十多种，一百多棵。全家人几天都没有笑容。

……

老舍先生写自己养花的爱好，写养花的辛苦，写养花的快乐，写养花的忧伤……处处都在写养花，确实从多种角度围绕着"养花"的中心主题在写。难道老舍先生是害怕跑题才不断地重复养花吗？当然不是。养花使老舍先生在劳动中增长了关于花的知识，带给了他喜怒哀乐，这不正是人的生活吗？因此，老舍先生是借养花来表达热爱生活、热爱劳动的思想。

爸爸的背

孟恒睿

爸爸的背，是温暖的。

爸爸的背是我儿时的一匹"马"。小小的我经常骑在爸爸的背上，双腿胡乱蹬着，嘴里大喊着"驾"，心里就像六月天喝了冰水一样畅快。爸爸被我压得腰酸背痛，却乐呵呵的，驮着我爬来爬去。

爸爸的背是一条汪洋中的大船。一天，我和爸爸在公园玩，结果我调皮不小心崴了脚，疼得无法走路。爸爸没有责怪，乐呵呵地对我说："来，爸爸背你回家。"于是，爸爸背着我，一步步地往家走去。我趴在爸爸的背上，就像乘坐一艘大轮船漂洋过海，感觉很踏实。

爸爸的背是一堵厚厚的"墙"。每天上学、放学，爸爸总是骑电动车接送我。冬天的天气好冷啊，在冰天雪地里，我的小脸蛋一会儿就冻红了。这时候，爸爸就会给我穿上最厚的衣服，把我捂得严严实实的。然后，用他宽大的身躯把我挡在电动车后面，像一堵墙一样。任凭风雪再大，也无法穿透爸爸这堵墙。

现在，我已经长大了，不需要爸爸为我这么辛苦了，可我还是怀念爸爸那温暖的背，那是爸爸对我浓浓的爱。

小作者紧紧围绕"爸爸的背"这个中心主题展开叙述，用不同的比喻，从不同年龄发生的事来突出中心，使文章浑然成一体。

一波三折

啥都懂

　　"一波三折"本来是赞美书法的，形容写字的笔法曲折多变。用在文章中，就是要求我们在写作时，尤其是写记事文时，所写故事要曲折回旋，不能平铺直叙。

　　一波三折，最好可以做到：开头漂亮，能吸引人；中间内容充实，有紧张感；结尾能够出人意料，富有戏剧性。如《塞下曲》中所描写"李广射虎"的故事就一波三折。

曲折富有戏剧性 —— 林暗草惊风

什么算曲折富有戏剧性呢？简单地说，就是事情的发展总是能够出人意料，来看看诗人卢纶是怎样写的吧。

塞下曲

唐·卢纶

林暗草惊风，将军夜引弓。
平明寻白羽，没在石棱中。

将军狩猎晚归，忽然发现摇动的草丛里有一头猛虎，立刻拉弓搭箭射去。

天亮以后，将军去搜寻猎物，发现猛虎竟然是一块大石头，箭深深地没入石中。

这首诗采用了一波三折的写法。开头写昏暗的林子里，风吹草动，草丛中似乎出现了一头猛虎。这个开头一下子就让读者替将军紧张了起来。这是"一折"。接着，将军不慌不忙，弯弓搭箭，一箭射去。黑漆漆的夜里，将军还能从容地一箭射中猛虎，让读者对将军的勇武不得不钦佩。这是"二折"。最后，天亮将军去寻猎物，结果一看，竟然是一块大石头。这个结局出人意料，非常有戏剧性。这是"三折"。

三国演义（节选）

罗贯中

　　玄德来到庄前，下马亲叩柴门，一童出问。玄德曰："汉左将军宜城亭侯领豫州牧皇叔刘备，特来拜见先生。"童子曰："我记不得许多名字。"玄德曰："你只说刘备来访。"童子曰："先生今早少出。"玄德曰："何处去了？"童子曰："踪迹不定，不知何处去了。"玄德曰："几时归？"童子曰："归期亦不定，或三五日，或十数日。"

　　……

　　玄德待其歌罢，上草堂施礼曰："备久慕先生，无缘拜会。昨因徐元直称荐，敬至仙庄，不遇空回。今特冒风雪而来。得瞻道貌，实为万幸。"那少年慌忙答礼曰："将军莫非刘豫州，欲见家兄否？"玄德惊讶曰："先生又非卧龙耶？"少年曰："某乃卧龙之弟诸葛均也。愚兄弟三人：长兄诸葛瑾，现在江东孙仲谋处为幕宾；孔明乃二家兄。"玄德曰："卧龙今在家否？"均曰："昨为崔州平相约，出外闲游去矣。"

　　……

　　三人来到庄前叩门，童子开门出问。玄德曰："有劳仙童转报：刘备专来拜见先生。"童子曰："今日先生虽在家，但今在草堂上昼寝未醒。"玄德曰："既如此，且休通报。"吩咐关、张二人，只在门首等着。玄德徐步而入，见先生仰卧于草堂几席之上。玄德拱立阶下。

　　"三顾茅庐"是《三国演义》中的经典故事，刘备请诸葛亮出山，第一次去，诸葛亮不在家。第二次去，诸葛亮刚刚离开。第三次去，终于碰到了诸葛亮。整个故事一波三折，既突出了诸葛亮的神秘高深，又突显了刘备的诚心诚意。

第一次演讲

范文怡

我们班要组织一次演讲比赛。我们小组的成员都害怕登台，个个都打退堂鼓。小小的讲台而已，有什么可害怕的。于是，我毛遂自荐，参赛了。

回家后，我就开始积极准备，还在爸爸妈妈面前试讲了一下，他们都夸我讲得很好呢。

比赛的日子到了，我充满自信地来到学校。看着那小小的讲台，我甚至已经幻想到自己表现完美，赢得了第一名的美妙场景。铃声响了，老师走了进来。不知怎么，我的心突然开始紧张起来，但我暗自告诉自己："别怕，你一定可以。"演讲开始了，同学们一个接一个走上讲台演讲，而且一个比一个讲得好。终于轮到我了。我满怀信心走向讲台，可上了讲台刚一转身，面对满教室的同学时，我的勇气一下子消散了，心怦怦直跳。好一会儿，我才镇定下来，刚想开口，却又忘词了。我焦急得不知道该如何是好，我低下头，仿佛感觉到台下投来匕首一般的目光。突然，台下响起了一些掌声，接着掌声连成一片。这是同学们在鼓励我。我一下子镇定下来了，微微闭上眼睛，回想在家的练习。

　　我定了定神，然后开始演讲，开始还有点磕磕巴巴。但每当我卡壳的时候，同学们就用掌声鼓励我，我也越讲越有劲，越讲越顺利，一点也不害怕了。最后，我在同学们雷鸣般的掌声中完成了自己的演讲。

　　虽然最后我没有得到很好的名次，但我心里却觉得比得了第一名还要开心呢。

　　小作者第一次演讲，起初她信心满满，幻想自己得了第一名。演讲前，她开始有些害怕、紧张。开始演讲了，又忘了词。接下来，在同学们的掌声中，心里开始放松。最后，演讲成功。小作者通过心理变化的一波三折写出了一场精彩的演讲比赛。

结
尾
篇

呼应开头

前有交代，后有呼应，结尾呼应开头，全文一气呵成。

可以通过情景呼应，开头通过景物描写渲染一种氛围，结尾又回到这样的景物描写上。就像《观猎》，从狩猎之处写起，结尾又回到狩猎处的景物描写。

结尾呼应开头是文学家们常常使用的一种写作方法，他们往往在开篇就点明主题，在结尾用简洁的笔墨照应开头，前后呼应，使主题得到深化。

这种简单又巧妙的文章结尾方式，值得我们多加练习、运用。

以景呼应 —— 千里暮云平

如果要写一篇将军狩猎的文章，你会怎么结尾呢？是描写面对狩猎成果丰盛的喜悦，还是描写狩猎将军的英姿？大诗人王维会怎么写呢？

观 猎

唐·王维

风劲角弓鸣，将军猎渭城。

草枯鹰眼疾，雪尽马蹄轻。

忽过新丰市，还归细柳营。

回看射雕处，千里暮云平。

将军骑马架鹰出城狩猎，西风猎猎，吹得角弓发出鸣叫声。

射猎归来，回望不久前狩猎的地方，暮云千里，与大地连成一片。

这首诗写的是一位将军的一次狩猎。一开篇就写到了风很大，很紧，吹得弓弦都发出了鸣叫声。劲风中射猎，顿时升起一股紧张感。紧接着诗人描写了架鹰骑马射猎，然后射猎归来，回到军营。写到这里狩猎已经完毕了，诗意也尽了。但诗人偏偏又以景色结尾，而且写的并不是军营的景，而是写远方狩猎处的景。刚刚明明风起云涌，现在远远看去却风定云平。这样写不仅与开头呼应，而且还突出了心境的变化。开头是射猎时的紧张，结尾则是狩猎后的平和。是不是非常巧妙？

名作欣赏

绿（节选）

朱自清

我第二次到仙岩的时候，我惊诧于梅雨潭的绿了。

……

梅雨潭闪闪的绿色招引着我们；我们开始追捉她那离合的神光了。揪着草，攀着乱石，小心探身下去，又鞠躬过了一个石穹门，便到了汪汪一碧的潭边了。瀑布在襟袖之间；但我的心中已没有瀑布了。我的心随潭水的绿而摇荡。那醉人的绿呀，仿佛一张极大极大的荷叶铺着，满是奇异的绿呀……

我第二次到仙岩的时候，我不禁惊诧于梅雨潭的绿了。

朱自清先生在这篇散文中描写了梅雨潭的绿。全文一开头就点明了主旨，引出全文，突出表现了对梅雨潭绿的惊叹。经过全文对梅雨潭细致的描写，读者也切身感受到了梅雨潭的绿。在文章的结尾，作者再一次写惊诧于梅雨潭的绿，看起来好像和开头重复了，但这正是作者的巧妙构思，结尾呼应开头，再一次突出和强调梅雨潭"绿"的主题。整篇文章从头到尾，真的让我们感受到处处有"绿"。

美丽的清怡园

王兴起

离我家不远的地方有一座清怡园，虽然它没有大明湖公园和趵突泉公园那样名闻天下，但我还是很喜欢它。

春天，清怡园里百花盛开，争奇斗艳。桃花红得像火，梨花白得像雪，牡丹、芍药都竞相开放，姹紫嫣红，瑰丽无比。最奇特的是，一阵暖风吹过，树上落花缤纷，就像下了一场"彩虹雨"。

夏天，清怡园里绿树成荫，人们都到树下乘凉。我却不怕热，顶着炎炎烈日，跑到荷花池边。荷花池里，开放的荷花像凌波仙子，没开放的花骨朵像笔直的卫兵。我不禁想起杨万里诗里写的"接天莲叶无穷碧，映日荷花别样红"。

到了秋天，清怡园里黄叶纷飞。黄叶落在地上，厚厚的，软软的，就像铺了一层地毯。花坛里的菊花开得很热闹，红的、黄的、白的……它们一点也不怕冷，我又想起了苏轼诗中写的"荷尽已无擎雨盖，菊残犹有傲霜枝"。

　　冬天，清怡园里光秃秃的，很少有人来玩。但只要天上飘起鹅毛大雪，地上白雪皑皑，清怡园就会成为我们的乐园。我们打雪仗、堆雪人，玩得不亦乐乎。雪人的鼻子是用胡萝卜做的，红通通的；我的鼻子也是红通通的，是被冻得。

　　这就是清怡园，一个美丽的地方，我们家旁边的社区公园。我喜欢清怡园，因为我在这里成长。

　　小作者描写了一个社区公园——清怡园。小作者在一开头就写了自己喜欢清怡园，在结尾，小作者再次表达了对清怡园的喜爱，并且用"我在这里成长"，点明喜爱的原因，首尾呼应。

画龙点睛法

"画龙"点上眼睛，龙就会破壁腾飞；在文章的结尾用上关键性、精辟的一两句，把主旨要义表现出来，整篇文章就会"活"起来。

结尾的点睛之笔虽然妙，但必须言简意赅、思想精辟，要有说服力，富有哲理，还要紧贴文章的内容。如《望岳》结尾的"会当凌绝顶，一览众山小"点明了诗人不怕困难，敢于攀登高峰，俯视一切的雄心和壮志。

优秀的作家往往会从一件小事、一个小东西引申出点睛之笔，让整篇文章的立意一下子就显得高大起来。

这种方法我们也一定要掌握噢。

画龙点睛 —— 会当凌绝顶，一览众山小

如果要描写一座高山你会怎么写？雄伟、险峻、巍峨、风景如画……除此之外你还能想到什么呢？大诗人杜甫又会想到什么呢？

望岳

唐·杜甫

岱宗夫如何？齐鲁青未了。

造化钟神秀，阴阳割昏晓。

荡胸生曾云，决眦入归鸟。

会当凌绝顶，一览众山小。

东岳泰山是何等美景呀？它矗立在齐鲁之地，雄伟壮丽。

一定要登上泰山最高峰，俯视其他群山。

这首诗中，杜甫描写了东岳泰山的神奇秀丽和巍峨高大，但只是写这些还不足以让这首诗成为千古名篇。这首诗最精彩的恰恰就在结尾。

望着高大雄伟的泰山，诗人的心胸也一下子变得开阔起来。原本只是远远地"望岳"却产生了"登岳"的想法：一定要登上最高峰，俯看众山小。这既是诗人要表达的雄心和气概，也是对世人的一种勉励，勉励大家不要害怕困难，要勇攀高峰，俯视一切。

你看，一句点睛之笔，让一件普普通通的望岳之举变得高大深刻起来。

枣核（节选）

萧乾

动身访美之前，一位旧时同窗寄来封航空信，再三托付我为她带几颗生枣核。东西倒不占分量，可是用途却很蹊跷。

……

她感慨良深地对我说："栽垂柳的时候，我那个小子才5岁。如今在一条核潜艇上当总机械长了。姑娘在哈佛教书。家庭和事业都如意，各种新式设备也都有了。可是我心上总像是缺点什么。也许是没出息，怎么年纪越大，思乡越切。我现在可充分体会出游子的心境了。我想厂甸，想隆福寺。这里一过圣诞，我就想旧历年。近来，我老是想总布胡同院里那棵枣树。所以才托你带几颗种子，试种一下。"

……

她告诉我，时常在月夜，她同老伴儿并肩坐在这长凳上，追忆起当年在北海泛舟的日子。睡莲的清香迎风扑来，眼前仿佛就闪出一片荷塘佳色。

改了国籍，不等于就改了民族感情；而且没有一个民族像我们这么依恋故土的。

这篇文章以小小的枣核为线索，描写了定居美国的老朋友要他带几颗枣核，想要栽种。随着叙述的进行，我们发现是老朋友思念故乡，几颗枣核把她和故乡连在了一起。到了结尾，作者运用点睛之笔，表达了海外游子深深的爱国情、浓浓的思乡情。

一件难忘的事

赵一涵

　　记忆中的事就像天上的繁星，数也数不清，但有一颗烁烁发光的、最亮的星一直闪耀在我的心间，让我久久不能忘怀……

　　一个风和日丽的上午，妈妈带着我来湿地公园游玩，妈妈一时兴起说："我们来捉蚂蚱吧！""什么！捉蚂蚱！"我兴奋不已。妈妈教了我捉蚂蚱的技巧，我认真地听，生怕错过一点细节。接着，我就开始在草地上寻找蚂蚱的踪迹，这时，有个东西闪了过去，我定睛一看，这不是一只蚂蚱嘛！真是"羊入虎口"呀！我小心翼翼地走过去，只见绿叶下一只黄黄的、大约3厘米的蚂蚱正在吃鲜嫩的青草，头上两只触角还在动呢。说时迟那时快，我找准时机用手一扑，那只蚂蚱被我的手掌盖住了。我的手指微微漏出一条缝隙，哈哈！果然被我抓到了。我把它放在袋子里的那一刻，充满了自信，觉得自己势不可挡。

就这样，我和妈妈一直玩到夕阳下山，我们满载而归。在车上，我看蚂蚱一动不动，也没有叫声，有些担心，心想："蚂蚱会不会死了呢？"于是，我和妈妈商量："要不然我们把蚂蚱们放了吧，它们要是死了，多可怜呀！"妈妈同意了，下了车，我把袋子打开，一只只蚂蚱好像获得了新生一样，活蹦乱跳地跑进了田野。这一刻，我才明白，大自然是蚂蚱的家，蚂蚱是地球长长生物链上的一环，而我和妈妈差点伤害了它们。

这件事，让我成长，让我懂得了人与动物、与自然和谐相处才能让地球更美好。

全文写了"捉蚂蚱""放蚂蚱"的小事，这样的小事为什么会让小作者久久不能忘怀呢？答案就在结尾。小作者从中体悟到人与自然应该和谐相处，可谓点睛之笔。

反问法

啥都懂

　　反问式结尾，是用疑问的形式表达明确的意思，可以引人深思，使读者更容易受到鼓舞和激励。

　　用反问结尾，生动有力，表达的感情更加强烈。如《忆江南》中"能不忆江南"更突出地表现了诗人对江南的喜爱之情。

　　还有用反诘结尾，带有追问、责问的意思，引发读者更深层次的思考。比如《蜂》写蜜蜂辛苦酿蜜"为谁辛苦为谁甜"就是对辛苦劳动者的歌颂和对不劳而获者的批判。

　　很多名家文章都采用反问法，或表达对美好景物的喜爱，或表达对某些坏人、某些坏行为的批判，或告诉读者一个道理……

　　一个看似简单的反问结尾，就能让文章增色不少。

反问式结尾 —— 能不忆江南?

　　江南风光好,除了具体描写江南的风光好在哪里,怎样才能让自己的喜爱之情表达得更加浓烈呢? 古人会怎么写呢?

忆江南

唐 · 白居易

江南好,风景旧曾谙。

日出江花红胜火,春来江水绿如蓝。能不忆江南?

　　江南的风景,在诗人的笔下江水碧绿,百花盛开,在旭日的照耀下红艳胜火。这样的江南,让人怎能不怀念呢? 这样的反问表达的是肯定的意思。如果换成简单的陈述句,比如,我很怀念江南。虽然意思相同,但显得太过平淡,没有反问式结尾表达的感情强烈。

反诘式结尾 —— 为谁辛苦为谁甜？

如果要以"蜜蜂"为主题写一篇文章，你一定会夸赞蜜蜂的勤劳。但怎样写才能让读者在赞美蜜蜂的同时，又有所深思呢？诗人会怎么写呢？

蜂

唐·罗隐

不论平地与山尖，无限风光尽被占。

采得百花成蜜后，为谁辛苦为谁甜？

不论平原还是山上，美丽的风光都被蜜蜂占了。

采集百花然后酿成蜂蜜，是为谁辛苦又为谁甜呢？

"为谁辛苦为谁甜"，诗人看到漫山遍野到处都是忙碌的蜜蜂，当然为它们的勤劳所赞叹，赞叹之后诗人又进一步思考：蜜蜂辛苦酿蜜，但自己却吃得很少，这究竟是为谁辛苦，又为谁甜呢？

诗人运用了反诘的方式，既有反问的意思，又有追问、责问的意思，仿佛在追问蜜蜂："你们不是辛苦了自己甜蜜了别人吗？"又似乎在向读者发问，令读者也产生这样的追问。如果更进一步思考，我们就会发现，诗人一方面借蜜蜂歌颂那些辛勤的劳动者，同时又对那些不劳而获，却能享受劳动成果的剥削者进行了嘲讽。

这些深层的思考，都通过反诘式的结尾表现了出来。

海上日出

巴金

　　为了看日出，我常常早起。那时天还没有大亮，周围非常清净，船上只有机器的响声。

　　天空还是一片浅蓝，颜色很浅。转眼间天边出现了一道红霞，慢慢地在扩大它的范围，加强它的亮光。我知道太阳要从天边升起来了，便不转眼地望着那里。

　　果然，过了一会儿，在那个地方出现了太阳的小半边脸，红是真红，却没有亮光。太阳好像负着重荷似的一步一步，慢慢地努力上升，到了最后，终于冲破了云霞，完全跳出了海面，颜色红得非常可爱。一刹那间，这个深红的圆东西，忽然发出了夺目的亮光，射得人眼睛发痛，它旁边的云片也突然有了光彩。

　　有时太阳走进了云堆中，它的光线却从云里射下来，直射到水面上。这时候要分辨出哪里是水，哪里是天，倒也不容易，因为我就只看见一片灿烂的亮光。

　　有时天边有黑云，而且云片很厚，太阳出来，人眼还看不见。然而太阳在黑云里放射的光芒，透过黑云的重围，替黑云镶了一道发光的金边。后来太阳才慢慢地冲出重围，出现在天空，甚至把黑云也染成了紫色或者红色。这时候发亮的不仅是太阳、云和海水，连我自己也成了光亮的了。

　　这不是很伟大的奇观么？

　　巴金先生的这篇小短文描写了一次看日出的经历，海上日出的景观令他赞叹不已。他用了一句反问结尾，发自内心地表达了对海上日出景色的赞叹。

野蛮班长

许知远

　　"啪！"一声巨响，把我吓了一跳。不好！"野蛮班长"又发威了。只见她使劲儿拍着桌子，大吼一声："注意课堂纪律，不要再闹了！"这可是她的看家本领啊！可真灵！几个闹腾的"小蝥贼"立刻回到自己的座位上，安稳坐下，拿起书来。

　　这个"野蛮班长"啊，别看她个子不高，面相不凶，可她却比谁都厉害，在班级里"叱咤风云"。无数的"蝥贼"被她打败，就连"捣蛋王"丁一也被她治得服服帖帖的。凭借那股"蛮劲"，她把班级管得井井有条。

　　当然了，"野蛮班长"之所以如此的威风，不仅凭她那股"蛮劲"，还有她的好口才。

"呜呜……"是谁哭了？班长立刻走上前去，问清了情况后，把惹祸的"捣蛋王"好一顿训斥："君子动口不动手，有什么事不能好好说呢？他只是和你开一个玩笑，你就要挥手打人吗？如果你和别人开玩笑，别人也打你怎么办？赶紧道歉！"说得"捣蛋王"理屈词穷，连忙道歉。然后，班长又像个"小老师"一样安慰"受害者"："遇到事情不能只哭，要首先保护好自己，还要和对方说清楚，避免误会。知道吗？"这话就像止痛膏药一般，立刻让"受害者"停止了哭泣。

　　这样的"野蛮班长"怎能不让人敬畏？又怎能不让人喜欢呢？

　　文章的语调轻松活泼，诙谐幽默，通过两件小事塑造了一个性格"野蛮"又富有责任心的班长形象。结尾用两句反问句，看似在问读者，实则也表达了自己对"野蛮班长"的认可和喜欢。

图书在版编目（CIP）数据

跟着古诗学写作 : 全 6 册 / 陈英著 ; 知舟绘 . ——
北京 : 北京理工大学出版社 , 2024.7
ISBN 978 - 7 - 5763 - 3717 - 4

Ⅰ.①跟… Ⅱ.①陈… ②知… Ⅲ.①作文课 – 小学
– 教学参考资料 Ⅳ.① G624.243

中国国家版本馆 CIP 数据核字 (2024) 第 059642 号

责任编辑: 申玉琴		**文案编辑:** 申玉琴	
责任校对: 刘亚男		**责任印制:** 施胜娟	

出版发行 / 北京理工大学出版社有限责任公司
社　　址 / 北京市丰台区四合庄路 6 号
邮　　编 / 100070
电　　话 / （010）68944451（大众售后服务热线）
　　　　　　（010）68912824（大众售后服务热线）
网　　址 / http : //www. bitpress. com. cn

版 印 次 / 2024 年 7 月第 1 版第 1 次印刷
印　　刷 / 北京地大彩印有限公司
开　　本 / 710 mm×1000 mm　1/16
印　　张 / 28
字　　数 / 443 千字
定　　价 / 210.00 元（全 6 册）

想象与议论

陈英◎著　　知舟◎绘

北京理工大学出版社
BEIJING INSTITUTE OF TECHNOLOGY PRESS

作者

陈 英

　　高级教师，40 年语文"老"教师，曾获得教学成果一等奖，曾担任作文、朗诵、语综等诸多竞赛评委。

　　陈老师喜欢孩子，痴迷于文学，在陈老师眼里，一诗一句都是五千年中华流淌下来的文明。40 年积累的上千节语文课堂实践、写作要点、古诗常识，在陈老师的笔下，抽丝剥茧，去糟取精，浓缩成这套有趣有料的《跟着古诗学写作》，奉献给孩子。

知 舟

　　原创作者，12 年主编主笔。

　　曾创作多部畅销图书，过往成绩不一一赘述。

　　曾获得 2018 年国家出版基金（少儿类）、2018 年"原动力"中国原创动漫出版扶持计划、2019 年自然资源优秀科普图书等奖项。

目录

想
象
篇

想象要丰富

　　写作离不开想象，运用想象可以使文章丰富多彩，让读者感受到作者所表达的东西。通常，是从具体的事物展开想象。如《莺梭》中，诗人从欢呼雀跃的黄莺展开生动的想象。

　　作家都有丰富的想象力，他们总能从具体事物生发奇妙的想象。他们把山石想象成各种人，把云想象成各种动物……想象可以将事物写得多姿多彩。

　　我们要多培养自己的想象力。

想象丰富 —— 洛阳三月花如锦

阳春三月，春光无限，看着飞来飞去叽叽喳喳的黄莺、遍地的鲜花，你会想象到什么？下面看看这首诗是如何展开想象的。

莺 梭

宋·刘克庄

掷柳迁乔太有情，交交时作弄机声。

洛阳三月花如锦，多少工夫织得成。

黄莺在树上飞来飞去，叫声就像摆弄织机发出的声音。

三月的洛阳繁花似锦，这需要花费多少工夫才能编织成呢？

阳春三月，黄莺在树上轻盈地飞来飞去，让诗人想到织布时飞动的梭子，而它们的叫声与织机织布的声音非常相似。接着，诗人再进一步想象，织机能织出绫罗绸缎，那洛阳城里万紫千红、繁花似锦，得多长时间才织得成呢？

黄莺织成了春景，这想象多么巧妙！

呼兰河传（节选）

萧红

天上的云从西边一直烧到东边，红彤彤的，好像是天空着了火。

这地方的火烧云变化极多，一会儿红彤彤的，一会儿金灿灿的，一会儿半紫半黄，一会儿半灰半百合色。葡萄灰，梨黄，茄子紫，这些颜色天空都有，还有些说也说不出来、见也没见过的颜色。

一会儿，天空出现一匹马，马头向南，马尾向西。马是跪着的，像是在等人骑到它的背上，它才站起来似的。过了两三秒钟，那匹马大起来了。马腿伸开了，马脖子也长了，一条马尾巴可不见了。看的人正在寻找马尾巴，那匹马就变模糊了。

忽然又来了一条大狗。那条狗十分凶猛，它在前面跑着，后边似乎还跟着好几条小狗。跑着跑着，小狗不知跑哪里去了，大狗也不见了。

接着又来了一头大狮子，跟庙门前的大石头狮子一模一样，也是那么大，也是那么蹲着，很威武很镇静地蹲着。可是一转眼就变了，想要再看到那头大狮子，怎么也看不到了。

作者描写的是傍晚的火烧云。火烧云不断变化，千姿百态，难以名状。但作者将这些火烧云想象成各种各样的动物，而且是富有动态的动物，栩栩如生，让人印象深刻。

雾

崔立言

"儿子，快起床，来看看窗外和平时有什么不一样？"一大早，妈妈就把我从床上喊起来。隔着薄薄的窗帘，我发现窗外挺亮的，似乎和平时没什么两样。妈妈一下子拉开了窗帘，咦，窗外的楼房似乎变得隐隐约约的。

"啊，下雾啦！"

不知从哪儿来的雾，把窗外的一切笼罩着，定是哪个粗心的仙女做早饭忘了把锅盖好，让热腾腾的蒸汽钻到了人间……

吃完早饭，爸爸送我去上学。在路上，我发现汽车、摩托车都打开了车灯。爸爸说，这是大雾天为了提醒别人有车开过来。但我却不这么看。你瞧，刚刚还和我们在十字路口一起等绿灯的那辆黑

雾

色汽车，转眼间就开进了浓雾里，消失得无影无踪，简直就和哈利·波特乘坐的魔法车一样神秘，那车灯是魔法车没闭上的眼睛吧。

抬眼望去，远一点的楼房根本就看不见了，只有白茫茫一片。近一点的楼房则披着飘动的白纱，就像海市蜃楼，明明近在眼前，却好像远在天边，仿佛一阵风吹过，就会消失不见。雾飘在河上，把花红柳绿的河岸遮住。河面变得无边无际，迷迷蒙蒙。

来到校园，宽阔的操场只能看到一半，似被雾这个调皮的娃娃当成冰淇淋舔掉了一半……

上完一节课后，我忽然发现雾竟然不见了，一切都又变得明亮清晰起来。

这雾啊，还真是调皮，突然跑出来，又突然溜掉了。

在这篇文章中，小作者把雾想象成仙女家锅里的蒸汽，车灯想象成魔法车没闭上的眼睛，操场想象成被舔掉一半的冰淇淋，想象丰富，充满童趣，令人读后难忘。

故事串联法

　　怎么把看到的事物通过想象写出生动的内容呢？不妨试试故事串联法。

　　先看两个句子：

　　柳树的枝条就像一头飘逸的长发。平静的小河像一面镜子。

　　柳树姑娘在风中梳理长发，清澈的小河就是她的镜子。

　　你能看出这两个句子的不同之处吗？没错，故事串联法就是想办法让自己所写的事物之间产生联系，产生故事。如《观书有感》把池塘、光彩和浮云串联在一起。

　　作家写作发挥自己的想象时，经常会采用故事串联法，会给所描写的事物编织一个故事，然后把它们串联起来，让它们产生联系。

　　你在写作时，也可以多采用这个办法。

故事串联 —— 半亩方塘一鉴开

池塘、光彩、浮云，怎么能让它们产生联系呢？很简单，来看看朱熹的这首诗吧。

观书有感

宋·朱熹

半亩方塘一鉴开，天光云影共徘徊。

问渠那得清如许？为有源头活水来。

半亩大的方池塘像一面镜子，天空的光彩和浮云的影子都在镜子里徘徊。要问池塘的水为什么这么清，因为源头不断地送活水来。

这首诗中对景物的描写运用了简单又明了的故事串联法。一块半亩大的方形池塘，澄澈明净，像一面镜子一样。是谁用这么大的镜子来照影呢？原来是天光和浮云，它们在天上闪耀浮动，像是在变换着不同角度对着镜子欣赏自己的容貌一般。

这样的想象虽然看似简单，却十分生动，给人以美感。

雪浪花（节选）

杨朔

凉秋八月，天气分外清爽。我有时爱坐在海边礁石上，望着潮涨潮落，云起云飞。月亮圆的时候，正涨大潮。瞧那茫茫无边的大海上，滚滚滔滔，一浪高似一浪，撞到礁石上，唰地卷起几丈高的雪浪花，猛力冲激着海边的礁石。那礁石满身都是深沟浅窝，坑坑坎坎的，倒像是块柔软的面团，不知叫谁捏弄成这种怪模怪样。

几个年轻的姑娘赤着脚，提着裙子，嘻嘻哈哈追着浪花玩。想必是初次认识海，一只海鸥，两片贝壳，她们也感到新奇有趣。奇形怪状的礁石自然逃不出她们好奇的眼睛，你听她们议论起来了：礁石硬得跟铁差不多，怎么会变成这样子？是天生的，还是錾子凿的，还是怎的？

在这篇文章中，作者开头描写了浪花和礁石。作者是怎样用故事把它们串联起来的呢？作者将礁石想象成一块柔软的面团，它被捏成了怪模怪样。那是谁捏的呢？自然是不停地撞击礁石的浪花啦。

家乡四季

杜雪娇

  我的家乡是一个被大山包围的小镇，虽然不知名，但我很爱它，尤其是它的四季。

  美丽的四季从春天开始。春风唤醒了地下的小草，装扮了光秃秃的树枝。杨柳姑娘在河边跳起轻盈的舞蹈，小河愉快地唱着歌为她伴奏。桃花粉得像霞、杜鹃花红得像火，梨花白得像雪，油菜花黄得像金，它们各自拿出各自的芬芳招待蜜蜂和蝴蝶，蜜蜂和蝴蝶则像醉了酒的客人，在芬芳中转来转去，寻不着方向。孩子们放着风筝，在草地上奔跑着，嬉闹着，好不快活。

  夏天是酷热的，却是孩子们最喜欢的季节：可以痛痛快快地到河里摸鱼虾；可以爬到树上去逮知了；可以吃上凉冰冰的西瓜，让全身舒爽；可以乘着暑假玩好长时间。真是妙不可言呀！

  不知不觉秋天来了。随处可见的菊花，红的、白的、粉的、黄的，一团团，一簇簇，竞相开放。还有学校旁的金银花，像一个个小喇叭似的开得正旺。如果把它们采来晒干，和茶叶一起泡茶喝，美味无比。这可是招待贵客的上等茶，不仅味道香，还有明目的作用呢。

冬天，光秃秃的大地铺上了洁白的雪毯。我们这些孩子们全跑了出来，堆雪人、打雪仗、滑冰，玩得好不尽兴。大人们呢，就在家里围在火炉旁，吃着热腾腾的火锅，拉拉家常，看看电视，总结一年的营生，畅想明年的变化。真是其乐融融啊！

我的家乡可爱吧！的确，不管风和日丽的春天，还是赤日炎炎的夏天，不管秋风萧瑟的深秋，还是寒风凛冽的隆冬，我的家乡都是那样的美，我永远深爱它！

小作者发挥故事串联的想象，将杨柳树和小河编织成一个跳舞，一个伴奏；桃花、杜鹃花、梨花、油菜花和蜜蜂、蝴蝶串联在一起，花儿招待蜜蜂和蝴蝶，而蜜蜂和蝴蝶则是醉酒的客人。这样的串联想象，既生动又富有诗意。

想象就是要大胆

啥都懂

　　杜甫说"语不惊人死不休"，就是说自己的文章一定要有震惊人的地方。想象应该这样，不能平淡无奇，要大胆，要惊奇。

　　大胆的想象就是要绕开常规的思路，开辟出新的境界。如《清平乐》中把纷纷扬扬的大雪想象成天仙揉碎的云朵；《游洞庭湖五首·其二》中想象赊一点月色去水天相接的地方买些酒回来。

　　作家借助想象把平平无奇的句子变得极具魅力。

　　我们在写文章的时，也要打开自己的脑洞，大胆想象。

避开常规想象 —— 乱把白云揉碎

纷纷扬扬的大雪，你会想到什么？鹅毛、柳絮、白蝴蝶……这些想象都很好，但很常见。下面来看看大诗人李白是如何想象的。

清平乐

唐·李白

画堂晨起，来报雪花坠。高卷帘栊看佳瑞，皓色远迷庭砌。

盛气光引炉烟，素草寒生玉佩。应是天仙狂醉，乱把白云揉碎。

清晨刚睡醒，有人来报说下雪了。

卷起窗帘，看着瑞雪纷飞，一片白茫茫。

纷纷扬扬的气势就像炉烟蒸腾，花草像挂了一身玉佩。

该不会是天山的仙人喝醉了，胡乱地把白云揉碎了吧。

纷纷扬扬的大雪，把一切都铺成了白色。地上的花草在白雪的覆盖下，晶莹剔透，闪着寒光，像挂了一身玉佩。把盖在花草上的白雪想象成玉佩，这已经非常妙了，但更妙的还在后面。空中飘落的大雪是从哪儿来的呢？诗人展开大胆的想象：想象成天上的神仙喝醉了，竟然不顾自己的形象，粗鲁地把洁白的云朵揉得碎末纷飞，这些碎末就化成了白雪，飘洒下来。你瞧，这样的想象是多么非比寻常呀！

想象要够奇特 —— 将船买酒白云边

月夜泛舟湖中，看着湖中倒映的月影，你能产生什么奇特的想象呢？下面来看看李白想象到了什么。

游洞庭湖五首·其二

唐·李白

南湖秋水夜无烟，耐可乘流直上天？
且就洞庭赊月色，将船买酒白云边。

秋夜，月光下的湖水清澈明净，怎么能乘着水流上天呢？姑且向洞庭湖赊几分月色，将船停在白云边买酒来赏月畅饮。

夜里泛舟游湖，水面没了白日里烟波浩渺、水汽蒸腾，清澈如画，清风明月相伴，诗人忽然产生了羽化成仙"登天"的想法。洞庭湖实在太美了，上不了天就留下欣赏美景吧。赏景自然少不了酒，用什么买酒呢？就向洞庭湖赊一点无价之宝——月色，用它来买酒。去哪里买酒呢？湖面水天相接处白云生，酒家就在那白云处，就去白云那里买些酒畅饮吧。虽然没有上天，但人间的酒家被诗人想象移到了天上。买天上的酒，用的不是钱财而是月色。想象之奇特，令人拍案叫绝。

花的学校（节选）

（印）泰戈尔

当雷云在天上轰响，六月的阵雨落下的时候，润湿的东风走过荒野，在竹林中吹着口笛。

于是，一群一群的花从无人知道的地方突然跑出来，在绿草上跳舞、狂欢。

妈妈，我真的觉得那些花朵是在地下的学校里上学。

他们关了门做功课。如果他们想在放学以前出来游戏，他们的老师是要罚他们的。

雨一来，他们便放假了。

树枝在林中互相碰触着，绿叶在狂风里簌簌地响，雷云拍着大手。这时，花孩子们便穿了紫的、黄的、白的衣裳，冲了出来。

你可知道？妈妈，他们的家在天上，在星星所住的地方。

你没有看见他们怎样地急着要到那儿去吗？你不知道他们为什么那样急急忙忙吗？

我自然能够猜得出他们是对谁扬起双臂来，他们也有他们的妈妈，就像我有我的妈妈一样。

这首诗作者以孩子的视角描写了雨后鲜花盛开的景象。作者想象奇特，想象花儿是在地下的学校里上学，下雨天它们就放了假，于是跑到地上来玩耍，将大自然的景象、孩子的学校生活和心理融为一体，别出心裁，极具魅力。

水晶王国之旅

周卓群

　　家乡的后山有一个黑漆漆的山洞，从小村里的大人就告诫我们：山洞里很危险，不准进去。在后山玩耍，每次经过它时，我都会停下来试着朝里面看，希望能看到里面有什么，可每次都只能看到一团黑暗。直到有一天，我实在忍不住，走了进去。

　　没走几步，我就感觉脚下一空，掉了下去。"咚"，我终于落到了地面，定睛一看周围一片亮闪闪的，"咦？我这是到了哪里呀？"忽然，我的思绪被打断了，我低头一看，一个穿着长裙的女孩子正在拉扯我的裤子。她只有我的小腿那么高，皮肤洁白，还有一双像玻璃一般清澈的大眼睛和一张小嘴巴，像是从童话中走出来的公主。这时，"小公主"说话了："你好，我叫晶晶，欢迎你来到水晶王国，来吧，我带你去参观参观。"

　　哦，原来是水晶王国。"好啊，好啊！"我欣然答应。

　　我发现，这里的路是水晶铺的，房子是水晶盖的，真神奇！转眼间，我们来到了一座水晶宫殿。这座宫殿气势恢宏、装饰华丽，简直可以与紫禁城相媲美。国王端坐在宝座上，他的胡子已经全白了，额头上有几道很深的皱纹，看起来非常慈祥。他对说我："孩子，欢迎你来到我们水晶王国。这里最好玩的是水晶森林，就让晶晶带你去看看吧。"

　　很快，我们就来到了水晶森林。这里的动物、植物全都是用水晶做成的，在阳光的照耀下，闪烁着七彩的颜色，令人目不暇接。

我欢快地在森林里跑来跑去。这时，晶晶告诉我："森林里最奇特的是中间的一株大树，只要在大树下许下自己的愿望，就一定会实现。"竟然还有这样的好事！我立刻就往森林中间跑去。可是，大树呢？怎么看不到呢？

我正在为找不到大树焦急时，忽然感觉肩膀被人重重推了一下。接着听到一个声音："周卓群，你在这儿愣着干什么？这山洞有什么好看的！"

我甩了甩头，啊，水晶王国不见了，只有那个黑乎乎的山洞在眼前。

这篇文章的想象奇妙而大胆，面对一个黑乎乎的山洞，作者想象到里面可能藏着一个"水晶王国"。

想象不能太"大胆"

想象也不能太"大胆"，意思是不能漫无边际、胡思乱想。想象要合理，要贴合文章所要表达的中心意思。

只有贴合文章要表达的中心意思的想象，才能让想象不虚浮、不流于表面。如《月下独酌》中把自己、月亮和自己的影子想象成三人，相互对饮，更能突出自己的孤寂忧愁。

作家的想象创造出了神奇的效果，是因为合理的想象始终围绕表达的中心内容，也就是想象服务于内容。

这一点，我们平常写作时一定要注意，想象要合理，切莫不着边际地为了奇特而胡乱想象。

想象要贴合中心内容 —— 花间一壶酒

一个人在院子里独自饮酒，怎样才能更好地展示出自己的孤独忧愁呢？诗仙李白给我们做了个很好的示范。

月下独酌（节选）

唐·李白

花间一壶酒，独酌无相亲。

举杯邀明月，对影成三人。

月既不解饮，影徒随我身。

暂伴月将影，行乐须及春。

花丛中摆下一壶酒，没有知己，独自一个人饮。举杯邀请天上的明月，加上自己的影子，正好三个人。

月亮本来不懂喝酒，影子也徒劳地跟着我。暂且就和月亮、影子相伴，趁着大好春风及时行乐吧。

这首诗表达的是诗人孤寂忧愁的情怀，但诗人偏偏把氛围写得很热闹。原本是他自己一个人独自饮酒，但他邀请天上的月亮、自己的影子和自己一起饮酒。这样的想象表达出来的却是更加孤独。你想啊，一个人孤独想要人陪伴，结果没有知己，只有天上的月亮和自己的影子陪伴，虽然一时间显得很热闹，但毕竟月亮不懂饮酒，影子也只是徒劳相伴，想要热闹得到的却依然是孤独。

想象不孤独，但表现出更加孤独，别有一番滋味。

巨人的花园 (节选)

（英）王尔德

每天下午，孩子们放学后，总喜欢到巨人的花园去玩。

……

有一天，巨人回来了。之前，他离家去看朋友，在那里一住就是七年。现在他回到家，看见孩子们正在花园里玩。

"你们在这儿做什么？"他叱责道。孩子们吓得跑开了。

"我自己的花园就是我自己的花园，"巨人自言自语道，"这是随便什么人都懂得的。除了我自己以外，我不允许任何人在里面玩。"于是他在花园的四周砌了一道高墙，挂出一块布告牌：禁止入内 违者重惩。

……

春天来了，乡下到处开着小花，到处有小鸟歌唱。单单巨人的花园里，仍旧是冬天的景象。

……

他对自己说："我多么自私啊！现在我明白为什么春天不肯到这儿来了。"

……别的孩子看见巨人不再像先前那样凶狠了，也都跑了回来。春天也跟着一起回来了。巨人对他们说："孩子们，花园现在是你们的了。"他拿出一把大斧子，拆除了围墙。

从那以后，巨人的花园又成了孩子们的乐园。

这首诗表达的是和众人分享的快乐才是真正的快乐，于是诗人想象了一个巨人的花园。在巨人回来前，花园漂亮而快乐。但巨人回来后，赶走了孩子们，结果花园变得凄凉，没了生机。最后，巨人把花园给了孩子们，花园又恢复了往日的快乐。作者通过这样的想象，清晰地表达了文章的主旨。

范文欣赏

厨房里的争吵

付叶新

一天，我迷迷糊糊睡到半夜，忽然被窸窸窣窣的声音吵醒。我循声找去，原来是厨房里调味品家族成员在争吵。

先开口的是油大叔："今天叶新吃饭的时候一直夸饭菜香，这可以说全是我的功劳。"

味精小子略带点生气地问："凭什么是你的功劳？"

油大叔得意地说："谁不知道菜肴的香味主要是因为有我。如果没有我，所有的菜肴可以说都没滋没味。"

酱油大婶黑着脸反驳："那可不一定。要说起来，还是我作用大。我不光能改善菜肴的味道，还能改变菜肴的色泽，让菜变得更好看。你们可要记住，叶新在没夸菜香前，就称赞今天的菜看起来很好吃。没有我，菜怎么能这么好看呢？"

醋弟弟立刻吃起"醋"："我呢？我才是最受重视的好不好，叶新吃饺子的时候，每一口都要蘸着我吃，每一口都离不开我。"

糖哥哥笑着打断了醋弟弟："你还说呢，叶新可没少抱怨你，说你酸了，酸得掉牙。要说最受欢迎，肯定是我啦。你们想想，叶新最喜欢什么口味，一定是甜对不对。他还经常偷偷吃糖呢。"

醋弟弟立刻呛声："叶新虽然喜欢甜的，可每次吃多了都被他妈妈批评，可见你并不怎么受欢迎。"

味精小子急了，大喊着插嘴："我呢？虽然我被使用的少，但每次只需要一小勺，就能让菜的味道变得鲜极了。我才是最受欢迎的。"

大家谁也不服谁，七嘴八舌争论起来。

这时，一直沉默的盐公公终于开口了："不要吵了。各个都说自己重要，如果单独让你们调一道菜，谁能保证色香味俱全呢？"

盐公公的一句话将其他调味品问得哑口无言。

"很明显，谁都做不到。要做出一盘色香味俱全的好菜，当然要靠大家一起合力才行。所以说，大家一样重要，谁也不能少。"

听到这里，我满意地点点头，然后打开了厨房的门。瞬间，厨房里安静了下来。

这篇文章的想象风趣，将调味品想象成一大家子，吵闹着争功，形象生动，令人耳目一新。通过它们的争吵，表达了只有齐心协力，才能完美完成任务的主题。

梦境幻觉想象法

啥都懂

你做过梦吗？梦里发生的事情是不是很奇特？如果把这样的梦写出来，不就是很好的想象吗？

你产生过幻觉吗？那一刹那的虚幻画面，如果写出来，不也是很好的想象吗？

没错，我们可以利用梦境和幻觉来写想象。

《梦天》一诗充满了神奇的想象。《书事》中描写了青苔染绿自己衣服的幻觉，也是神奇的想象。

作家很喜欢写梦境和幻觉，因为它们会带给作品瑰丽和奇幻色彩。

我们在写作文时，不妨运用一下这个方法。

梦境想象 —— 老兔寒蟾泣天色

你做过什么奇怪的梦？梦中有什么奇特的想象？诗人李贺梦到自己上了天，他看到了什么呢？

梦 天

唐·李贺

老兔寒蟾泣天色，云楼半开壁斜白。

玉轮轧露湿团光，鸾珮相逢桂香陌。

黄尘清水三山下，更变千年如走马。

遥望齐州九点烟，一泓海水杯中泻。

幽冷的月夜，空中飘洒起一阵冻雨，好像是月宫里的老兔子和蟾蜍哭泣似的。

云层变幻成楼阁，楼阁门窗半开，月光斜照墙壁。

玉轮似的月亮在水汽上面碾过，像被打湿的一团光。

进入月宫，在桂花飘香的小路上遇上了戴着玉佩的仙女。

回头下望大地上的九州，犹如九点烟尘，东海就像一杯被打翻的水。

　　这首诗是梦中天宫的所见所感。诗人把天空的冻雨想象成月宫中的玉兔和蟾蜍在哭泣，把雨后裂开的云层想象成楼阁，把带着光晕的月亮想象成沾上了水汽的玉轮，在月宫中想象自己遇到了月中仙子。

　　诗人虽然在天上，但并没有把目光只放在天上，而是从天上看人世，千年的变化之快如飞驰的骏马，茫茫九州和浩瀚的东海也变得像烟尘、倾泻的杯水一样小。通过这些梦境中，表达了诗人对人事沧桑的深沉感慨。

幻觉想象 —— 坐看苍苔色

在一片绿的环境里，如何来表达出这份绿呢？如果仅用很绿、非常绿、到处都是绿这样的形容就太普通了。下面来看看诗人王维是怎么写的。

书 事

唐·王维

轻阴阁小雨，深院昼慵开。

坐看苍苔色，欲上人衣来。

　　小雨刚停，天色还有点阴。虽然大白天，也懒得开门，坐下来静静看着青苔。青苔太绿了，那绿色要染上人的衣服来了。

　　青苔本来就是绿的，经过雨水的清洗，就显得更加青翠了。诗人看着这一片绿色，竟然产生了幻觉——那青翠的颜色弥漫开来，竟然染绿了自己的衣服。

　　青苔本来是静物，诗人借自己的幻觉，想象出青苔的色彩似乎动了起来，堪称妙笔生花。

卖火柴的小女孩（节选）

（丹麦）安徒生

她的一双小手几乎僵硬了。啊，哪怕一根小小的火柴，对她也是有好处的！她敢从成把的火柴里抽出一根，在墙上擦燃了，来暖和暖和自己的小手吗？她终于抽出了一根。哧！火柴燃起来了，冒出火焰来了！她把小手拢在火焰上。多么温暖多么明亮的火焰啊，简直像一支小小的蜡烛。这是一道奇异的火光！小女孩觉得自己好像坐在一个大火炉前面，火炉装着闪亮的铜脚和铜把手，烧得旺旺的，暖烘烘的，多么舒服啊！唉，这是怎么回事呢？她刚把脚伸出去，想让脚也暖和一下，火柴灭了，火炉不见了。她坐在那儿，手里只有一根烧过了的火柴梗。

她又擦了一根。火柴燃起来了，发出亮光来了。亮光落在墙上，那儿忽然变得像薄纱那么透明，她可以一直看到屋里。桌上铺着雪白的台布，摆着精致的盘子和碗，肚子里填满了苹果和梅子的烤鹅正冒着香气。更妙的是这只鹅从盘子里跳下来，背上插着刀和叉，摇摇摆摆地在地板上走着，一直向这个穷苦的小女孩走来。这时候，火柴灭了，她面前只有一堵又厚又冷的墙。

卖火柴的小女孩点燃火柴产生了幻觉，看到了闪亮温暖的火炉和香喷喷的烤鹅。作者通过小女孩的幻觉，表现了小女孩又冷又饿的状态。

我的梦想

沈以瑜

怎么？我正在空中？啊，原来我已经是一片雪花，雪白的衣服，雪白的帽子，雪白的鞋。我和其他小伙伴们一起穿过云层，飘向大地。我听到身边"呼呼"的风声，看到脚下雪白的房屋、雪白的道路。不一会儿，我就落在了一座华丽的房屋上。我看见那房门上有一副对联："瑞雪兆丰年，五谷登丰收。"哈，我们雪花真是好，这么受人们喜爱。我很自豪。

正在我得意的时候，东边的天空隐隐露出一片微红，太阳出来了。它毫不吝啬地照在我的身上，暖洋洋的。这片洁白的天地，正笼罩在金灿灿的光芒中。渐渐地，我融化了，化成了惜别的泪珠。在孩子们的欢笑声中，我短暂的生命就此要结束了。但化成水的我，会钻入地下，滋润大地，滋润万物。

走出梦境，我疾步走到窗前，窗外还有一些雪。不知是怜悯，是惋惜，还是对昨晚那一场梦的留恋，我深深爱上了雪花。若是能将昨夜那美好的梦延续，我真想重新回到天上，再次变成一片小小的雪花，再次和伙伴飘飘洒洒来到洁净的大地……

做一片雪花，这就是我的梦想。

小作者在梦中变成了一片雪花，飘洒到人间，化作了融水。同时，作者借梦抒情，托物言志，以雪融后能够滋润大地、滋润万物，表达了自己的志向。

想象要有情

写想象文章时，拥有天马行空的想象固然很好，但如果能够加入自己的情感，文章就更妙了。

在《闻王昌龄左迁龙标遥有此寄》中，诗人用奇特的想象编织出一个意境——把自己的愁心寄托给明月，让明月陪伴朋友到远方。这个想象饱含了对朋友深深的情谊。

作家在写作时，尤其是写童话时，总是会将自己浓浓的情感融入丰富的想象中，让文章更加生动、感人。

想象要有情感 —— 我寄愁心与明月

得知朋友受了挫折要到远方去，该怎么表达对朋友的关切和同情呢？下面来看看诗仙李白是怎么写的。

闻王昌龄左迁龙标遥有此寄

唐·李白

杨花落尽子规啼，闻道龙标过五溪。
我寄愁心与明月，随君直到夜郎西。

杨花落尽杜鹃啼叫的时节，听说朋友被贬职到遥远的龙标县。

我把忧愁的心思寄给明月，希望它陪伴朋友到夜郎西。

诗人听说自己的好朋友王昌龄被贬到夜郎西边的龙标县，感到非常惋惜，对好友的遭遇也极为关切。但相隔遥远，他不能在身边时常安慰，怎么办呢？

诗人抬头看到了天上了明月，顿时产生了奇特的想象。不论相距多远，诗人和好友都能看到同一轮明月。那就干脆把自己的"愁心"寄托给明月，明月时常照着好友，就像自己陪伴着好友一般。

去年的树（节选）

（日）新美南吉

一棵树和一只鸟儿是好朋友。鸟儿站在树枝上，天天给树唱歌。树呢，天天听着鸟儿唱。日子一天天过去，寒冷的冬天就要来了。鸟儿必须离开树，飞到很远很远的地方去。

树对鸟儿说："再见了，小鸟！明年春天请你再回来，还唱歌给我听。"

鸟儿说："好的，我明年一定回来，给你唱歌。请等着我吧！"鸟儿说完，就向南方飞去了。

春天又来了，原野上、森林里的雪都融化了。鸟儿又回到这里，找她的好朋友树来了。

可是，发生了什么事情呢？树，不见了，只剩下树根留在那里。"立在这儿的那棵树，到什么地方去了呀？"鸟儿问树根。树根回答："伐木人用斧子把他砍倒，拉到山谷里去了。"

鸟儿向山谷里飞去。山谷里有个很大的工厂，锯木头的声音沙沙地响着。鸟儿落在工厂的大门上。她问大门："门先生，我的好朋友在哪儿？您知道吗？"门回答说："他被机器切成细条儿，做成火柴，运到村子里卖掉了。"

鸟儿向村子里飞去。在一盏煤油灯旁，坐着个小女孩。鸟儿问女孩："小姑娘，请告诉我，你知道火柴在哪儿吗？"小女孩回答说："火柴已经用完了，火柴点燃的火，还在灯里亮着。"鸟儿睁大眼睛，盯着灯火看了一会儿。接着，她就唱起去年唱过的歌给灯火听。唱完歌儿，鸟儿又对着灯火看了一会儿，就飞走了。

这篇童话用丰富的想象和质朴的语言讲述了鸟儿和树之间的真挚情谊。正因为在想象中充满了情感，才让这篇文章感人至深。

会治病的小狗

阎骏泽

世界上只有人才能治病。

我反对！因为小狗也能治病，而且还是人们难以治疗的心病。这个会治病的小狗就是我，一只人见人爱、全身纯白的贵宾犬。

听说医院里有很多人都不开心，整日愁眉苦脸。工作人员就决定带我去给他们治疗心病。我刚到医院，就遇到了一个得白血病的孩子。她整天都是一张苦瓜脸，从来不笑。也是，得了这种病，谁还能笑出来呢？

我摇着尾巴轻轻地靠近小女孩，她看到我，一下子就跳下来把我抱了起来，眼睛开始闪闪发光。

我想让她露出笑容，就在她怀里钻来钻去，还用毛茸茸的爪子和她握手。她突然咯咯地笑了起来，苍白的脸上仿佛一朵鲜花轻轻绽放开来。

　　病房里所有的人都目瞪口呆。这个消息很快传到了医生的耳朵里。医生们都说太神奇了。我想那是对我的夸赞。

　　从那以后，我便常常去看望那个小女孩，安静地陪伴着她，经过多次的"心理"治疗，小女孩像变了个人似的。病情也得到了缓解。没多久，她就接受了骨髓移植手术。

　　我还去了敬老院，去治疗老人的孤独症。我在敬老院给老人们表演节目，逗得大家开怀大笑。有一个年纪很大的老人，因为痴呆了，没人愿意理他。我就经常默默陪着他一起晒太阳。

　　消息一传十、十传百，我的名气越来越大，好多人都请我这位"狗大夫"去看心病。每当看到病人脸上的笑容，我甭提多高兴啦。

　　你瞧，这就是我治病的故事。对于我来说，爱才是治病的最佳良药。只要有爱，谁都可以像我一样成为一名治病的"医生"。

　　小作者想象丰富，将自己想象成一只贵宾犬，它以"爱"为药，治好了不少有着心病的人。奇妙的想象中充满小作者美好的情感。

有虚有实
的想象

啥都懂

　　想象虽然是虚构的，但不能胡编乱造、凭空捏造，结合客观真实的景物，才能使想象做到源于生活又高于生活。

　　如《题龙阳县青草湖》中，满天星辰倒映在河水中是实景，诗人徜徉在星河中则是基于前面实景的想象。

　　日常生活中，看一样东西，不是毛毛糙糙地看一眼就算数，而是多看看，仔细看看，一边看一边想，一定要把它看清楚、想明白。这样就能创作出奇特的想象。

　　我们平时应该仔细观察、多加思考，争取能够把想象的情景写出彩。

想象要有实有虚 —— 满船清梦压星河

躺在船上，看着水面倒映着满天的星斗，你会产生怎样的想象呢？下面来看看元朝诗人唐珙会想到什么。

题龙阳县青草湖

元·唐珙

西风吹老洞庭波，一夜湘君白发多。

醉后不知天在水，满船清梦压星河。

秋风吹起，洞庭湖水起了波纹，似乎衰老了。

湘水之神湘君一夜之间也多了许多白发。

喝醉了，竟然忘了水中是天上星河的倒影。清梦中，自己徜徉在星河中。

这首诗中，诗人在洞庭湖泊舟，入夜时分，满天星辰倒映在湖中，诗人贪杯，喝醉了，渐渐进入梦乡。在梦中，诗人觉得自己不是在洞庭湖泊舟，而是在银河里徜徉，船的周围是一片星光灿烂的世界。

实景与梦境相结合，船上、天上，虚虚实实，亦幻亦真。

天上的街市

郭沫若

远远的街灯明了，

好像闪着无数的明星。

天上的明星现了，

好像点着无数的街灯。

我想那缥缈的空中，

定然有美丽的街市。

街市上陈列的一些物品，

定然是世上没有的珍奇。

你看，那浅浅的天河，

定然是不甚宽广。

那隔着河的牛郎织女，

定能够骑着牛儿来往。

我想他们此刻，

定然在天街闲游。

不信，请看那朵流星，

是他们提着灯笼在走。

　　郭沫若先生的这首诗采用了虚实结合的想象，街灯、星星、天河、流星都是实景，而街市、珍奇物品、骑着牛儿、提着灯笼等是作者由实景产生的虚景想象。本诗虚实结合，营造出一个绮丽的境界。

夜

戴旭楠

夜深了，整个山村都安静了，天空却热闹了起来。

那遥远的天空，最亮眼的是圆圆的月亮。它挂在天上，看着熟睡的人们，不经意间露出微笑。星星分散在天幕，宛如一个个可爱的天使，调皮地眨巴着眼睛。月亮和星星投下了柔和的光芒，照在山间小路上，给那些披星戴月晚归的人照亮前行的路。

流星出现了，它披着长袍扫过夜空，画出一道优雅的弧线，给天空留下灿烂的轨迹。夜空虽然热闹，但平时总不大能惹人注意的，但只要流星一出现，夜空就会变成人们关注的焦点。人们纷纷闭上眼睛，对着流星许下愿望。哎，流星怎么能承受得住那么多的愿望呢？只好匆匆划过夜空，离开了。

还有一处热闹的地方便是银河了，密密麻麻的星星勾勒出一条河的形状。看到银河，人们就会想到两岸的牛郎和织女，他们应该正在隔河相望吧！

闪闪烁烁的不只有星星，还有可爱的萤火虫。不知道什么时候，它们也飞了起来。一个个提着"灯笼"逛来逛去，为夜空增添了热闹。

天渐渐亮了，新的一天要开始了。夜消失了，夜去哪儿了？它可能回家了，也可能去了地球的另一边。

　　不过，当太阳西下，晚霞渐渐散去的时候，夜就会悄悄地回来。到时候，它还会像今晚这么热闹，或者，更热闹呢。

　　作者插上了想象的翅膀，不仅描绘真实的夜景，还融入了自己的多种想象，虚实结合，使文章充满了童趣，富有感染力。

想象要有缘故

当你在写作中设计想象的时候，你心里要问问自己：我为什么设计这样的想象呢？

好的想象，背后是有缘故的。

你看过安徒生的《丑小鸭》吗？它要告诉我们要有理想、有追求，哪怕身处逆境也要为目标而努力奋斗。

《出塞》中写到了秦时明月、汉时边关以及飞将军李广，是因为作者感叹边疆战事不断、国无良将。

作家设计想象，并不是无缘无故、凭空而来的，而是围绕自己要表达的中心意思来设计的。

所以，我们平时设计想象时也要有缘故。

有缘有故想象 —— 秦时明月汉时关

面对茫茫边塞，你会联想到什么？看看王昌龄在这首"七绝压卷之作"是怎么联想的。

出 塞

唐·王昌龄

秦时明月汉时关，万里长征人未还。

但使龙城飞将在，不教胡马度阴山。

依旧是秦汉时期的明月和边关，出关万里参加征战的将士都没回来。

倘若龙城的飞将军李广还在，绝对不会让敌人南下度过阴山。

诗人来到边塞，看着明月笼罩着关塞、出征的士兵，想到了秦关汉月。这千年以来边境就一直不安宁，边关内外战事不断，无数戍边的士兵战死疆场，征战万里不知道何时才能回来。秦汉时期如此，唐朝依然如此。诗人觉得边关的要害问题是没有良将，他想到了汉朝的飞将军李广。如果李广将军还在，就不会让敌人度过阴山，边境就会安定，士兵就可以回家与亲人团圆了。

诗人对秦时明月、汉时关、飞将军李广的想象，源于感慨边关战事不断和没有合格的将领。

变形记（节选）

（奥地利）卡夫卡

格里格尔·萨姆沙做了一连串的噩梦，等早上清醒过来的时候，他发觉自己已经变成了一只巨大的虫子，正在床上躺着。他背上背负着坚硬的甲壳，面朝上躺在那里，只要微微抬起头来便能看见自己高耸的肚皮。肚皮是褐色的，表面由很多呈弧状的甲壳组成。由于肚子膨胀得太大，被子显然不够盖了，滑落下去已是迫在眉睫。跟庞大的躯干相比，他的腿则又细又小，这会儿正在不停地抖动着，落在他眼中，愈发显得可怜巴巴的。

他心想："我这是怎么了？"这并不是在做梦。他的确待在自己的卧室里，整个房间除了看起来比之前小了一些，其余根本没有任何异状，毫无疑问长期有人在这里居住。周围是他再眼熟不过的四面墙。作为一名旅行推销员，他的货物样品还在桌子上摆放着。先前他从画报上剪下了一幅画，画上画的是一名女士，她安坐在那儿，头上戴着裘皮帽子，颈间系着裘皮围巾，手肘以下被厚厚的裘皮手筒包裹得严严实实，她将手臂抬起，那姿势就像在向观众展示自己的裘皮手筒一样。格里格尔用一个精美的金色画框将这幅画装起来，并将其挂到了桌子上面的墙壁上。这时候，画仍在那儿悬挂着。

卡夫卡在《变形记》中发挥自己的想象，写主人公一觉醒来变成一只大甲虫，作者这样写是为了反映世人唯利是图，对真情人性不屑一顾，最终被社会挤压变形。而一只甲虫普通弱小、令人厌恶，厚重的壳又让它与外界隔离，与作者想要表达的思想非常贴合。

误入电脑

林俊波

　　小林是一名五年级的小学生，爱好就是玩电脑。不过就是因为他太爱玩电脑了，所以学习成绩非常糟糕。他的爸爸妈妈劝过他无数次，但他都当作耳旁风，继续沉迷在电脑中。

　　这天，小林回到家，像往常一样丢下书包就迫不及待地打开电脑。突然一道白光从电脑中射出来，小林就什么都不知道了。等他醒来时，发现自己正躺在一块草地上，旁边立了一个牌子，上面写着：通往学习城。他想：反正也不知道自己现在在哪里，不如去学习城看看。

　　来到了学习城门口，小林正准备走进城，一个门卫突然冲了出来，拦住他问："你是新来的吗？新来的要回答我一个问题才能进去。"小林想：要进去还得回答问题，真麻烦，但自己又不能硬闯，只好答应了。那个门卫就开始问他："四十八乘以三十五减二十六乘以十八等于多少？"这问题一时间难住了小林，门卫看他算了好一会儿还是没有给出答案，就对他说："要想进去学习城，以你的水平我看还得再多学几年啊，哈哈哈！"小林听了非常生气，但他又无可奈何，只好忍住火气走开了。

后面的日子，小林学习了，可总是学着学着就想玩儿。结果，他发现周围都没什么可玩儿的，还是学习城里最热闹。于是，小林打定主意，用功学习了很久。终于，他通过了考验，顺利进入学习城。

学习城又大又热闹，简直就是天堂。小林每天到处游玩，学习的事又抛到了九霄云外。过了不久，城里的一位老者找到了小林，要对他进行测试。原来，学习城每隔一段时间就要对城里的人进行考核。小林一直在玩儿，根本没有用功学习，自然没能通过测试。老者对小林说："记住，学习要持之以恒！"说完，又是一道白光打在小林身上。

当小林再次醒来时，发现又回到了自己的房间。他连忙关掉了电脑，打开了书本，因为他想要进入并长留在学习城里。

小作者想象奇特，写了一个爱玩电脑不爱学习的学生，在学习城发生的一系列出奇的事件。小作者借助想象要表达的就是：学习要持之以恒。

议
论
篇

议论就是要直接

啥都懂

　　在写作中，议论的方式是经常被采用的。议论就是对一个人、一件事、一个东西，甚至一个行为，一个动作发表看法。

　　直接的议论，就是直白、充分地表达出作者对人、事、物的看法和情感。如《戏为六绝句·其二》中直接表达对"初唐四杰"和守旧诗人的看法，《调张籍》中对李白和杜甫表达肯定，批判轻薄李杜的人。

　　在写文章的时候，采用直接议论，会让文章显得更有力度。

直接议论一 —— 不废江河万古流

对于"初唐四杰"和当时轻薄"初唐四杰"的守旧文人，杜甫是怎样议论的呢？

戏为六绝句·其二

唐·杜甫

王杨卢骆当时体，轻薄为文哂未休。

尔曹身与名俱灭，不废江河万古流。

"王杨卢骆"四杰的诗文在当时自成一体，却被守旧文人轻薄。

你们这些守旧文人只能身名俱灭，而四杰则如江河万古流芳。

王勃、杨炯、卢照邻、骆宾王被称为"初唐四杰"，他们的诗摆脱了六朝时期崇尚辞藻浮华艳丽的余习。当时很多守旧文人因此来轻薄诋毁他们。但他们为唐诗诗风的改革起到了很重要的作用。诗人就这件事直接议论，认为"初唐四杰"终究会万古流芳，而那些轻薄诋毁他们的人，只会身名俱灭。

直接议论二 —— 蚍蜉撼大树

对于"李杜"和当时轻薄"李杜"的文人，韩愈又是怎么议论呢？

调张籍（节选）

唐·韩愈

李杜文章在，光焰万丈长。

不知群儿愚，那用故谤伤。

蚍蜉撼大树，可笑不自量！

伊我生其后，举颈遥相望。

李白、杜甫的诗文犹如万丈光芒。

愚昧无知的人，却用陈词滥调毁谤他们。

就像蚂蚁企图撼动大树，可笑不自量力。 　　我生在他们后，经常追思仰慕他们。

　　作为盛唐大诗人的李白和杜甫，到了中唐时期，不仅不被重视，还受到很多人的贬低。韩愈认为李白和杜甫非常伟大，他们的诗篇光芒万丈，那些贬低他们的人，都是愚昧无知的，就像一群蚂蚁想要撼动大树，简直不自量力。

谈骨气（节选）

吴晗

　　我们中国人是有骨气的。

　　战国时代的孟子，有几句很好的话："富贵不能淫，贫贱不能移，威武不能屈，此之谓大丈夫。"意思是说，高官厚禄收买不了，贫穷困苦折磨不了，强暴武力威胁不了，这就是所谓大丈夫。大丈夫的这种种行为，表现出了英雄气概，我们今天就叫做有骨气。

　　我国经过了奴隶社会、封建社会的漫长时期，每个时代都有很多这样有骨气的人，我们就是这些有骨气的人的子孙，我们是有着优良革命传统的民族。

　　作者在文章的开头就直接议论，表达了"中国是有骨气的"观点，观点直接，令人印象深刻。

浅谈理想

康仁杰

我们每个人都应该有理想，并且要为了理想不断奋斗。

人的理想是力量的源泉。小说《钢铁是怎样炼成的》中的主人公保尔·柯察金的理想是"为人类的解放而奋斗"。为了这个崇高的理想，保尔献出了青春。在现实生活中，有一位平凡的英雄说过："人的一生是有限的，可是为人民服务是无限的，我要把有限的生命投入到无限的为人民服务中去。"他就是雷锋，他的理想多么平凡而伟大。

没有理想，在人生漫长的道路上，就没有方向，没有前进的动力。我们新时代的年轻人要想有所作为，就必须树立远大的理想。

现在社会上很多人认为有没有理想都一样，都是干活、赚钱、吃饭，失去了积极向上的生活态度。很多人变得弄虚作假、好逸恶劳、贪污享乐，其本质就是缺乏理想和信念。

在通往理想的征途中，道路是崎岖坎坷的，但理想在前，犹如明镜高悬，可以使人们经受住狂风暴雨的打击，可以拨开云雾见晴天。远大的理想，可以激励人们百折不挠努力，坚定不移奋斗。我们敬爱的周总理，从小就心怀天下，志在"中华之崛起"。周总理有崇高的理想，所以，他一生精力旺盛、朝气蓬勃，在病危之际，依然为国为民操劳。由此可见，有远大的理想，才会有奋勇前进的动力。

理想一旦确定，就要勇往直前，为之奋斗终生。同学们，快快树立自己的理想，让理想放出光辉，照耀我们一路成长、一路前进。

小作者从文章的一开始就直接议论，阐述了每个人都应该有理想，并且要为理想而奋斗的观点。

叙议结合

　　叙议结合，叙就是常见的记人、叙事、写景状物，议就是对人、事、物等发表意见。

　　叙是议的基础，议是叙的深化。如《八阵图》中，"三分国""八阵图""吞吴"是叙，而"功盖""名成""遗恨"则是议。

　　在写作时，采用叙议结合的方式，可以更好地架构文章，充分地表情达意，甚至可以起到画龙点睛的作用，使文章的主旨更加鲜明、深刻。

　　我们平时写作文时，不妨多尝试叙议结合。

叙议结合 —— 功盖三分国

如何把议论有机、巧妙地加入叙述中？一起看看大诗人杜甫的这首诗。

八阵图

唐·杜甫

功盖三分国，名成八阵图。

江流石不转，遗恨失吞吴。

魏、蜀、吴三分天下，诸葛亮的功劳最大，创立的八阵图更是名扬千古。任凭江流冲击，摆八阵图的石头还在，千古遗恨，在于刘备想吞并东吴。

诸葛亮帮助刘备建立蜀国基业，确立了三分天下、鼎足而立的局势。他创立的操练军队的八阵图令他的名声更加卓著。这样的奇才帮助刘备联合东吴抗击北方的曹魏，本来是很有可能恢复中原、统一天下的。可惜刘备执意要攻打东吴，为关羽报仇，破坏了联吴抗曹的大计。

诗人在叙述中加入了议论：一是对诸葛亮的赞誉和惋惜；二是对诸葛亮统一大业失败原因的分析——刘备攻打吴国，破坏了联吴抗曹。

故 乡 （节选）

鲁迅

我躺着，听船底潺潺的水声，知道我在走我的路。我想：我竟与闰土隔绝到这地步了，但我们的后辈还是一气，宏儿不是正在想念水生么。我希望他们不再像我，又大家隔膜起来……然而我又不愿意他们因为要一气，都如我的辛苦展转而生活，也不愿意他们都如闰土的辛苦麻木而生活，也不愿意都如别人的辛苦恣睢而生活。他们应该有新的生活，为我们所未经生活过的。

我想到希望，忽然害怕起来了。闰土要香炉和烛台的时候，我还暗地里笑他，以为他总是崇拜偶像，什么时候都不忘却。现在我所谓希望，不也是我自己手制的偶像么？只是他的愿望切近，我的愿望茫远罢了。

我在朦胧中，眼前展开一片海边碧绿的沙地来，上面深蓝的天空中挂着一轮金黄的圆月。我想：希望是本无所谓有，无所谓无的。这正如地上的路，其实地上本没有路，走的人多了，也便成了路。

鲁迅先生在《故乡》的结尾描写了自己离开故乡时的所思所感，一边叙述情节，一边进行议论，尤其最后关于"希望"和"路"的议论，更是起到了深化主题的妙用。

完不完美

钱兴起

"完美"是人人都向往的。可是，如果过于追求完美，可能会过犹不及，甚至失去本应拥有的东西。

沙滩上有许多贝壳，不少孩子提着小桶在捡贝壳，他们不时地将漂亮的贝壳放进桶里。但有一个孩子，他一心要找到最完美的贝壳。于是，他将贝壳一个个捡起，又一个个丢弃。整整一天，其他孩子都满载而归，只有他一个贝壳都没捡到。

这个过于苛求的孩子最终一无所获。他不知道缺憾也是一种美，有缺憾才是真实。我更愿意做满载而归的孩子，懂得欣赏那些

贝壳洁白的颜色、美丽的弧线、细致的花纹……享受一处处的美和乐趣，做一个快乐的人。

　　还有一个故事。有一个富翁，他有两个儿子。他临终前决定由哪个儿子来继承他的事业，于是，他就让两个儿子去寻找一片最完美的叶子。很快，大儿子拿回来一片好看的红叶，说："我找到的叶子并不是最完美的，但是最完整、最红的。"过了很久，二儿子才两手空空地回来，说："外面有很多很多叶子，但没有一片叶子是完美的。"结果，富翁将事业交给了大儿子。

　　热衷于追求尽善尽美的人，常常会像二儿子一样最终是两手空空，最完美的追求变得虚无缥缈。同时，它也会成为一些人胆怯、放弃的借口。我更愿意做一个善于发现事物美好的人。只要全力以赴、积极乐观，生活才会变得更充实、更有意义。

　　小作者通过两个小故事和对小故事的议论，叙议结合，表达了"生活不要过分苛求完美"的立题。

全都懂

    反驳就是以充分有力的证据驳斥别人的观点，并且在驳斥的过程中树立自己的观点。

    最巧妙有力的反驳莫过于用类似的观点来驳斥别人的观点。如《西施》中：世人把吴国的灭亡归罪于越国的一个弱女子，那越国的灭亡又该归罪于谁呢？

    作家在进行创作时，经常会用到反驳这种方式。但需要注意的是，运用反驳时，应当以科学的态度进行反驳，要以理服人，不能强词夺理，陷入诡辩。

反驳 —— 越国亡来又是谁

如果很多人将一个国家的灭亡归罪于一个女人，你会怎么反驳这种观点呢？来看看下面这首诗。

西施

唐·罗隐

家国兴亡自有时，吴人何苦怨西施。

西施若解倾吴国，越国亡来又是谁？

　　一个国家的兴亡自有原因，吴国人何苦要怨西施呢？如果西施能使吴国灭亡，那越国灭亡又怪谁呢？

　　历史上，自古以来就有"红颜祸水"的论调，把一个国家的灭亡归于无辜女性。春秋时期的吴国和越国是世仇，越国战败后，被迫向吴国称臣，还把四大美女之一的西施献给了吴王。后来，越王勾践卧薪尝胆打败了吴国。因此，世人就把吴国灭亡的罪怪到了西施的头上。诗人利用世人的这种观点进行反驳：如果说吴国灭亡是因为西施，那么越国呢？越王并不贪恋美色，越国的灭亡又能怪罪谁呢？诗人通过这样的反驳告诉世人：一个国家的灭亡自有深刻的原因，归咎于一个女人是非常荒唐的。

此生或彼生（节选）

鲁迅

　　现在写出这样五个字来，问问读者：是什么意思？倘使在《申报》上，见过汪懋祖先生的文章，"……例如说'这一个学生或是那一个学生'，文言只须'此生或彼生'即已明了，其省力为何如？……"的，那就也许能够想到，这就是"这一个学生或是那一个学生"的意思。

　　否则，那回答恐怕就要迟疑。因为这五个字，至少还可以有两种解释：一，这一个秀才或是那一个秀才（生员）；二，这一世或是未来的别一世。

　　文言比起白话来，有时的确字数少，然而那意义也比较的含胡。我们看文言文，往往不但不能增益我们的智识，并且须仗我们已有的智识，给它注解，补足。待到翻成精密的白话之后，这才算是懂得了。如果一径就用白话，即使多写了几个字，但对于读者，"其省力为何如"？

　　这篇文章是鲁迅先生关于文言和白话论战的一篇文章。文章中先引用了对手汪懋祖先生证明文言优于白话的例子。鲁迅先生则抓住对方逻辑的漏洞进行反驳，用对方的例子使对方的论断陷入自相矛盾，起到不攻自破的效果。

谈压力

简志成

今天，我想谈谈压力。我经常会听到身边的人抱怨"要是我像某某某一样就好了，成绩好，不会有压力。""要是我是大人就好了，没有做学生这么多压力。""要是我是明星就好了，无忧无虑，毫无压力。"但真的是这样吗？

成绩优异的同学，无论什么考试，势必要发挥出自己的最佳水平，要考好。要不就会被老师说，被家长批评，被同学们议论，会被认为学习懈怠了，偷懒了。可见，成绩好的同学，压力会更大。

大人自然有大人的压力。比如我的妈妈，她是一位销售经理，每个月都有自己的销售指标。如果完不成销售指标，妈妈就没办法交差。所以，妈妈每天晚上都会工作到很晚，核算销售业绩，调整和制定接下来的销售计划与方案。我的爸爸是做工程的，没有工程

的时候，他天天盼着有新的工程开工。一旦工程开工了，他又没日没夜地待在工地上，时刻紧绷着，生怕出一点纰漏。这不是更大的压力吗？

再说说外表光鲜的明星。因为他们是公众人物，时刻都要小心自己的言谈举止，一不小心就会做出与身份不符的举动；还要不断地学习专业技能充实自己，一旦搞砸了，还要接受来自全社会的批评，甚至谩骂。舆论给予他们的压力，一点都不轻松，不然怎么会有那么多明星不堪压力而轻生呢？明星怎么会毫无压力呢？

所以，每个人都有压力，没有人能幸免。压力大小不重要，重要的是我们如何面对压力。

有的人认为优秀的学生、大人、明星没有压力时，小作者以事实说话，对这种论断进行逐一反驳，使"每个人都有压力"的论断得到增强。

65

讽刺是个好技巧

讽刺是一种独特的写作方法，往往是对人、对事表达否定的态度。

讽刺可以是对社会的黑暗进行揭露。如《寒食》中用权贵大臣在寒食节点蜡烛讽刺宠臣专权的腐败。

讽刺也可以是对社会不良现象的批评。如《题临安邸》中对南宋只知贪图享乐，不思收复失地的人们进行讽刺。

辛辣而独到的讽刺可以增强文章的力度。很多作家在作品中都会采用讽刺的方法进行揭露或批判。

我们要多学习使用讽刺，让批判更有力度。

揭露社会的黑暗 —— 轻烟散入五侯家

你听过"只许州官放火不许百姓点灯"这句话吗？下面这首诗就讲了这个道理，不过它讽刺的是那些点灯的"州官"。

寒 食

唐·韩翃

春城无处不飞花，寒食东风御柳斜。

日暮汉宫传蜡烛，轻烟散入五侯家。

春天的长安城，没有一处不飞着花。

寒食节的东风把皇宫的柳树吹得倾斜。

寒食节本来禁火，黄昏时皇宫里却传递着点燃的蜡烛。

蜡烛的轻烟飘散在受宠信的大臣家里。

唐朝规定，寒食节这一天普天之下一律禁火，只有得到皇帝的许可，才可以点灯。但是傍晚时分，皇宫里却传起了蜡烛，这些蜡烛依次传出皇宫，传到了宠臣的家中。

原本该家家禁火，可这些受宠的大臣却享有特权，可以得到皇帝赏赐的蜡烛。诗人通过这样一个小的细节，讽刺了宠臣专权，揭露朝廷日益腐败。

批评不良现象 —— 直把杭州作汴州

南宋的杭州城，美景醉人，歌舞升平，但诗人林升却偏偏讽刺起这些人，为什么呢？

题临安邸

宋·林升

山外青山楼外楼，西湖歌舞几时休？

暖风熏得游人醉，直把杭州作汴州。

青山无数，楼阁连绵，西湖上的歌舞几时才能停呢？暖暖的春风吹得达官贵人如痴如醉，简直是把杭州当成了汴州。

南宋时期，都城杭州风景美丽，处处歌舞升平，诗人看在眼里，心里却无比愤恨，为什么呢？

汴州，就是北宋的都城汴梁。北方的金国攻陷汴梁后，赵构在临安，也就是杭州即位，建立了南宋。但南宋朝廷苟且偏安，达官贵族们只知道纵情声乐、寻欢作乐，沉迷于纸醉金迷的奢华生活中，全然忘记了收复中原失地。一句"直把杭州作汴州"既显示了诗人对统治阶级和达官贵族的讽刺，又展现了诗人对国家命运的担忧。

藤野先生（节选）

鲁迅

　　东京也无非是这样。上野的樱花烂熳的时节，望去确也像绯红的轻云，但花下也缺不了成群结队的"清国留学生"的速成班，头顶上盘着大辫子，顶得学生制帽的顶上高高耸起，形成一座富士山。也有解散辫子，盘得平的，除下帽来，油光可鉴，宛如小姑娘的发髻一般，还要将脖子扭几扭，实在标致极了。

　　中国留学生会馆的门房里有几本书买，有时还值得去一转；倘在上午，里面的几间洋房里倒也还可以坐坐的。但到傍晚，有一间的地板便常不免要咚咚咚地响得震天，兼以满房烟尘斗乱；问问精通时事的人，答道，"那是在学跳舞。"

　　到别的地方去看看，如何呢？

　　我就往仙台的医学专门学校去。从东京出发，不久便到一处驿站，写道：日暮里。不知怎地，我到现在还记得这名目。其次却只记得水户了，这是明的遗民朱舜水先生客死的地方。仙台是一个市镇，并不大；冬天冷得厉害；还没有中国的学生。

　　当时是清朝末年，国家贫弱，屡受外国欺负。朝廷派出去的留学生，本来应该用功学习，将来报效国家。可在东京的这些留学生却成群结队地赏樱花，把自己打扮得油头粉面，学跳舞等。鲁迅先生在这篇文章的开头讽刺了这些"清国留学生"，尤其是把这些留学生比作小姑娘，形容他们"标致极了"，看似夸赞，实则讽刺辛辣。

沙漠之书

孟皓

　　我是沙漠，无所不能的沙漠。我有一个伟大的梦想：把整个陆地都变成我的地盘。可恨的是大森林总是阻挡我前进的步伐，害得我伟大的理想不能实现。

　　如今好了！可爱的人类来帮助我了，他们拿起斧头把树木一棵棵砍到，森林一点点缩小，直至消失。我的眼中钉、肉中刺终于被拔掉了。我可以放开手脚扩张了。但我还是觉得太慢了，希望那些可爱的人类手中的斧头再大点、再锋利点，尽情地去砍，早日把所有的树木砍光，把所有的森林消灭掉。

　　当然了，人类虽然帮了我，但我也没有什么恩情报答。说白了，人类不过是我的一枚棋子而已。等我的梦想实现了，人类对我也就没用了。

哦，我差点忘了草原，这也是我另外一个敌人。不过，草原也折腾不了多久了，这还得感谢那些好心的牧民和功不可没的牛羊。我希望牧民朋友们能多多地养牛羊，能养多少养多少。牛羊可以大口大口地吃草，把草原啃得遍体鳞伤。这样，我可以不费吹灰之力就能侵占草原。将来的功劳簿上可不能少了它们的大名。

人类的城市也是我要拿下的目标，看着那里热闹繁华的样子就让我生气。只要我一声令下，我的"爱将"沙尘暴就会席卷而至，刹那间就会满城黄沙。人类闻沙色变，领教我的厉害。

地球是一个美丽的星球，我希望这个美丽的星球处处都有我的身影。为了实现这个梦想，亲爱的人类，你们要拿出十二分的诚意，来帮助我吧！

这篇文章是以沙漠口气来叙述的，虽然对于沙漠而言是正常叙述，但对于人类或者读者来说则充满了讽刺的味道。"可爱的人类来帮助我了""感谢那些好心的牧民和功不可没的牛羊""将来的功劳簿上可不能少了它们的大名"等，其实是对人类破坏森林、草原行为的讽刺和批评。

图书在版编目（CIP）数据

跟着古诗学写作 : 全 6 册 / 陈英著 ; 知舟绘 . ——
北京 : 北京理工大学出版社 , 2024.7
　　ISBN 978 - 7 - 5763 - 3717 - 4

　　Ⅰ . ①跟… Ⅱ . ①陈… ②知… Ⅲ . ①作文课 - 小学
- 教学参考资料 Ⅳ . ① G624.243

中国国家版本馆 CIP 数据核字 (2024) 第 059642 号

责任编辑 : 申玉琴　　　文案编辑 : 申玉琴
责任校对 : 刘亚男　　　责任印制 : 施胜娟

出版发行 / 北京理工大学出版社有限责任公司
社　　址 / 北京市丰台区四合庄路 6 号
邮　　编 / 100070
电　　话 / (010) 68944451 (大众售后服务热线)
　　　　　 (010) 68912824 (大众售后服务热线)
网　　址 / http : //www . bitpress . com . cn

版 印 次 / 2024 年 7 月第 1 版第 1 次印刷
印　　刷 / 北京地大彩印有限公司
开　　本 / 710 mm × 1000 mm　1/16
印　　张 / 28
字　　数 / 443 千字
定　　价 / 210.00 元 (全 6 册)

图书出现印装质量问题，请拨打售后服务热线，负责调换

跟着古诗学写作

写景与抒情

陈英◎著　　知舟◎绘

北京理工大学出版社
BEIJING INSTITUTE OF TECHNOLOGY PRESS

作者

陈 英

高级教师，40 年语文"老"教师，曾获得教学成果一等奖，曾担任作文、朗诵、语综等诸多竞赛评委。

陈老师喜欢孩子，痴迷于文学，在陈老师眼里，一诗一句都是五千年中华流淌下来的文明。40 年积累的上千节语文课堂实践、写作要点、古诗常识，在陈老师的笔下，抽丝剥茧，去糟取精，浓缩成这套有趣有料的《跟着古诗学写作》，奉献给孩子。

知 舟

原创作者，12 年主编主笔。

曾创作多部畅销图书，过往成绩不一一赘述。

曾获得 2018 年国家出版基金（少儿类）、2018 年"原动力"中国原创动漫出版扶持计划、2019 年自然资源优秀科普图书等奖项。

目录

写景篇

学会挑选
突出的景物

啥都懂

写景，不能眉毛胡子一把抓，看到什么写什么，想写什么写什么。最好要有选择地写，要选择最有特点、最具典型性、最喜欢的景物来写。

每一个地方都有典型的景物，所以要挑选有代表性的景物。如《江南春》中的"莺""绿""红""楼台""烟雨"正是最具江南特色的景物。

每个时节都有代表性的景物，可以抓住季节和时令最引人注目的景物来写。如《绝句》中的"春风""燕子""鸳鸯"构成一幅初春的画卷。

优秀的作家总能抓住景物在不同场景下的特点，春天树木嫩绿、稀疏，夏天树木翠绿、饱满。他们犹如技艺高超的画家，景在他们的笔下，变得生动鲜活，又与众不同，让人一下子就会记住。

结合地方选景物 —— 千里莺啼绿映红

你去过江南吗？你对江南有什么印象？如果让你写一篇关于江南的写景作文，你会写哪些景物呢？来看看晚唐诗人杜牧是怎么写的。

江南春

唐·杜牧

千里莺啼绿映红，水村山郭酒旗风。
南朝四百八十寺，多少楼台烟雨中。

江南大地，黄莺声声，绿树红花。

南朝时期留下来的四百八十多座古寺，笼罩在烟雨中。

这首描写江南风光的诗，诗人在景物选择上下足了功夫。莺啼、绿树、红花从整体上概括出了江南的美景，而溪水环绕的村子和掩映在绿树中的小酒店是两个独具江南特色的景物。短短两句就带我们进入了江南之地。但是我们知道，江南水乡最有特色的是烟雨蒙蒙，没有雨怎么能体现出江南的风情呢？于是，诗人接下来将景物由晴转阴，描绘了众多楼台、寺院在烟雨中的朦胧。

这样一来，最能代表江南的景物就在诗人的笔下呈现出一幅精美的画面。

结合时节选景物 —— 迟日江山丽

一年之计在于春，春天是万物复苏、生机勃发的开始。怎样写才能突出春天的特点呢？大诗人杜甫为我们做了一个示范。

绝 句

唐·杜甫

迟日江山丽，春风花草香。
泥融飞燕子，沙暖睡鸳鸯。

江山沐浴着春光，非常秀丽，春风送来花草的香气。

燕子衔着泥巴忙着筑巢，暖和的沙子上睡着鸳鸯。

春景是美好的，可怎么才能写出这种感觉来呢？诗人先从大处着手，山川万物都沐浴在春天的暖阳下，显得格外秀丽。和煦的春风带着花草的香气。一个"丽"字，一个"香"字，描绘出了初春的主要特征。不过，春意似乎还不够。于是，诗人又从小处着手。天气变暖，泥巴融了，燕子衔泥巴忙着筑巢。鸳鸯睡在暖暖的沙洲上。虽然一动一静，但相映成趣，展现出春天一派生机、欣欣向荣的景象。

桨声灯影里的秦淮河（节选）

朱自清

　　秦淮河的水是碧阴阴的；看起来厚而不腻，或者是六朝金粉所凝么？我们初上船的时候，天色还未断黑，那漾漾的柔波是这样恬静，委婉，使我们一面有水阔天空之想，一面又憧憬着纸醉金迷之境了。等到灯火明时，阴阴的变为沉沉了：黯淡的水光，像梦一般；那偶然闪烁着的光芒，就是梦的眼睛了。我们坐在舱前，因了那隆起的顶棚，仿佛总是昂着首向前走着似的；于是飘飘然如御风而行的我们，看着那些自在的湾泊着的船，船里走马灯般的人物，便像是下界一般，迢迢的远了，又像在雾里看花，尽朦朦胧胧的。

桨声灯影里的秦淮河（节选）

俞平伯

　　又早是夕阳西下，河上妆成一抹胭脂的薄媚。是被青溪的姊妹们所薰染的吗？还是匀得她们脸上的残脂呢？寂寂的河水，随双桨打它，终是没言语。密匝匝的绮恨逐老去的年华，已都如蜜饧似的融在流波的心窝里，连呜咽也将嫌它多事，更哪里论到哀嘶。心头，宛转的凄怀；口内，徘徊的低唱；留在夜夜的秦淮河上。

　　朱自清与俞平伯两位先生曾同游秦淮河，写下来同样题目的文章。朱自清先生敏锐地捕捉不同时地、不同情境中秦淮河的景色，对所见的景色直接描写。俞平伯先生则侧重主观描写。

　　同样是秦淮河，在朱自清先生笔下显得清新秀丽，在俞平伯先生笔下显得迷离恍惚。

范文欣赏

春意图

范松宁

经历了几场春风后，大地欣然睁开了睡眼，散发出泥土的芳香。连日的盈盈春雨，恰似根根银丝，洒向人间。于是，大地开始鲜活起来。

小草探出了头，远远望去就像一块毛茸茸的绿地毯。微风吹来，它们就一起向人们招手，似乎在说："快来，一起享受春天吧。"

杏花盛开了。打眼望去，一簇簇杏花就像满树雪花。红色的花蒂、白色的花瓣、黄色的花蕊，再配上绿油油的小叶子，引来蜜蜂在花朵上采蜜，蝴蝶在枝头翩翩起舞。蜜蜂动听的"歌声"和蝴蝶优美的"舞姿"，令人感受到浓浓的春意。在杏花的旁边，几株柳树也长出了新的秀发，在展示自己曼妙的身姿。

春风不仅把小草吹醒，把杏花吹开，把柳叶裁出，而且还把春意播在人间。你看，那河畔的草地上，几个小孩子欢叫着，奔跑着，他们手里牵着长长的线，线的那一头是飞在天空中各种各样的风筝。

红杏枝头春意闹。春天在广阔的田野里，在人们的欢声笑语里，更在人们的心里。

小作者写的是春天的景色，他挑选了春天最具代表性的春雨、春草、春花、春风等景物进行描写。春雨润物，春草充满生机，春花绚丽多彩，春风吹醒一切，充分体现出了春天的盎然生机。

啥都懂

赏景要有顺序，写景也要有顺序，千万不能东写一下，西写一下，自己写得凌乱，读者读得一头雾水。

写景顺序可以由近及远，先写近处的景，再延伸到写远处的景。如《绝句》中，从黄鹂、翠柳到白鹭、青天，再到远处的雪山、船只。

也可以由远及近，从远处的景写起，再到近处的景。如《江雪》就是由远及近，先写远处的高山、小路，再写近处的孤舟、老翁。

作家在写景时，有时会从远处的山、远处的海开始写起，然后慢慢写到身边的景物，有时会从身边的景物写起，慢慢写到远方的景物。这样写，就好像电影中的镜头，一点点地从远到近，或从近到远，给人身临其境的感觉。

由近及远 —— 两个黄鹂鸣翠柳

早春的一天，你推开窗户向外看去，面对窗外的景色，你要怎么写呢？大诗人杜甫又会怎么写呢？

绝 句

唐·杜甫

两个黄鹂鸣翠柳，一行白鹭上青天。
窗含西岭千秋雪，门泊东吴万里船。

两只黄鹂在柳树上鸣叫，一行白鹭在天空飞翔。

远处的西岭雪山像嵌在窗上，往来东吴的船像停在门旁边。

诗人这首诗写的是早春窗外的景，或许是听到了窗外黄鹂叽叽喳喳的叫声，一推开窗就看到两只黄莺在翠绿的柳树上鸣叫。接着，诗人把目光往不远处看去，看到一行白鹭在蓝天下自由飞翔。目光再放得长一些，就看到了远处的西岭，山顶上还有终年不化的积雪。山下的江上停泊着船只。看，诗人描写窗外的景物，随着视线的转移，由近及远，展现出一幅咫尺万里的画卷。

由远及近 —— 千山鸟飞绝

江 雪

唐·柳宗元

千山鸟飞绝，万径人踪灭。
孤舟蓑笠翁，独钓寒江雪。

远处群山不见飞鸟的踪迹，所有的道路也不见人的踪迹。江面孤舟上一个披蓑衣戴斗笠的老翁，独自在寒冷的江雪中钓鱼。

这首诗描绘的画面，孤寂中透露着寒意。诗人先写远方的"千山""万径"，那里看不到鸟和人的踪迹，一片孤寂。接着，诗人把视线投向近处，能看到江上有一叶孤舟，一个老翁穿着蓑衣，戴着斗笠，冒着风雪，在寒冷的江上垂钓。这么一来，仿佛这一片天地中，只有这位老翁，对比之下更显得寂静、孤独。

整首诗描绘的景物由远及近，由大到小，就像一幅山水画，层次分明，错落有序。

海滨小城（节选）

林遐

　　我的家乡在广东，是一座海滨小城。人们走到街道尽头，就可以看见浩瀚的大海。天是蓝的，海也是蓝的。海天交界的水平线上，有棕色的机帆船和银白色的军舰来来往往。天空飞翔着白色的、灰色的海鸥，还飘着跟海鸥一样颜色的云朵。

　　……

　　海边是一片沙滩，沙滩上遍地是各种颜色、各种花纹的贝壳。这里的孩子见得多了，都不去理睬这些贝壳，贝壳只好寂寞地躺在那里。远处响起了汽笛声，那是出海捕鱼的船队回来了。船上满载着银光闪闪的鱼，还有青色的虾和蟹、金黄色的海螺。船队一靠岸，海滩上就喧闹起来。

　　小城里每一个庭院都栽了很多树。有桉树、椰子树、橄榄树、凤凰树，还有别的许多亚热带树木。初夏，桉树叶子散发出来的香味，飘得满街满院都是。凤凰树开了花，开得那么热闹，小城好像笼罩在一片片红云中。

　　……

　　这篇文章描写的海滨小城，先从远处的大海写起，然后到沙滩，最后到小城里的庭院和街道。由远及近，让读者跟着这些文字，从海边一点点走近这座小城。

游科技馆

程旭宇

周末，我们来到上海科技馆，进行了一次非比寻常的春游。

一走进科技馆，就能看见"动物世界"四个大字，这是我们参观的第一站。长颈鹿正吃着树叶，一群野狗在捕食猎物，还有一对狮子趴在石头上……虽然是人工雕塑，却那么逼真，惟妙惟肖，让人仿佛来到了非洲大草原。在"动物世界"里，我们还看到一座假山，山上有水和植物，据说还能听到动物的叫声。

接着，我们来到了科技馆二楼，这里是关于人体知识的世界。让我印象最深的是展示人体的电影，影片是以"夸父追日"的故事为线索，带领我们认识了人体的肌肉、骨骼等，以及保护身体的方法。

最后，我们来到了"机器人世界"。这里有机器人的精彩表演，参观者可以和机器人下棋，还可以对机器人下指令，命令它们抓起各种颜色的包。最神奇的是，机器人还能根据参观者选择的歌曲，弹奏出美妙的乐曲。看到这些，我不禁感慨：科技发展得真快呀！

　　时间飞快，转眼一天的行程就结束了，这真是一次有意义、非比寻常的春游活动。

　　小作者是根据自己游览的顺序，依次对科技馆的所见所感进行描写的，条理清晰。

围绕一个特点写

写景也可以不按照顺序写，而是围绕让人印象最深刻的一个特点写。

这个特点对景物而言，一定要具有代表性、概括性。写作时，要从不同的角度描写和突出这个特点。如《题扬州禅智寺》围绕寺院的"静"，从不同角度来描绘。

优秀的作家具有细致的观察和丰富的感悟力，他们总能探寻到景物中最吸引人、最不同寻常的特点。如一般人到西湖只记住了西湖处处美丽的景致，而作家眼中，西湖最吸引人的是它的"绿"，围绕"绿"这个特点，作家从多个角度把西湖的美景展现了出来。

这是一种不同于按顺序写景的方法，我们要多多练习。

围绕特点写景 —— 雨过一蝉噪

　　假设现在你正在幽静的小公园，这里非常幽静，你要怎么写出这里的"静"呢？可以向诗人杜牧学习一下。

题扬州禅智寺

唐·杜牧

雨过一蝉噪，飘萧松桂秋。

青苔满阶砌，白鸟故迟留。

暮霭生深树，斜阳下小楼。

谁知竹西路，歌吹是扬州。

初秋雨过后，一只蝉在聒噪，松桂在风中飘摇。	台阶长满青苔，白鸟在寺内逗留不肯离去。	夕阳西下，通过层层的树木看到一抹余晖。	这条寂静的路却通向歌舞繁华的扬州城。

　　杜牧这首写禅智寺的诗并没有按照时空顺序写，而是围绕一个"静"字展开。诗人先写蝉鸣和秋风吹动树木，从听觉上突出寺院的静。接着，诗人又写青苔和白鸟，从视觉上突出寺院的静。然后，又从暮霭中投过一缕落日余晖，以明暗变化来突出寺院的静。最后，诗人又以歌舞喧嚣的扬州城来反衬寺院的静。

　　虽然诗人没有明说寺院的特点是"静"，但处处围绕"静"来写，构思巧妙。

西湖漫笔 (节选)

宗璞

雨中去访灵隐，一下车，只觉得绿意扑眼而来。道旁古木参天，苍翠欲滴，似乎飘着的雨丝儿也都是绿的。飞来峰上层层叠叠的树木，有的绿得发黑，深极了，浓极了；有的绿得发蓝，浅极了，亮极了。峰下蜿蜒的小径，布满青苔，直绿到了石头缝里……

……漫步苏堤，两边都是湖水，远水如烟，近水着了微雨，也泛起一层银灰的颜色。走着走着，忽见路旁的树十分古怪，一棵棵树身虽然离得较远，却给人一种莽莽苍苍的感觉，似乎是从树梢一直绿到了地下。走近看时，原来是树身上布满了绿茸茸的青苔，那样鲜嫩，那样可爱，使得绿阴阴的苏堤，更加绿了几分……

在花港观鱼，看到了又一种绿。那是满池的新荷，圆圆的绿叶，或亭亭玉立于水上，或宛转靠在水面，只觉得一种蓬勃的生机，跳跃满池……

这篇文章中，作者紧紧抓住了西湖的特点——绿，围绕着这个特点，作者写了访灵隐寺、漫步苏堤、花港观鱼三次看到西湖的"绿"。虽然都是绿，但绿得却又不同，给作者的感受也不同。围绕一个特点，却又能写出其中的不同味道，真的高明。

草原游

杨海洋

前几天，我们一家人去了内蒙古大草原旅游。草原给我的感觉就一个字——美！

草原的路很美。公路又宽又直，望不到尽头，仿佛直通天边。路上几乎没有其他车子，我们行驶在路上，有种肆意驰骋的快感。

草原的天空很美。湛蓝湛蓝的天空是那样高远，白白的云朵柔顺得如丝绸一般。和煦的阳光洒下来，令人心旷神怡。

草原的草很美。草随着地势连绵起伏，就像用油彩画上去的一样，绿油油的。停下车，深深地吸一口气，一股清香沁人心脾，这是青草散发出的气味。极目远眺，除了绿还是绿，有墨绿、翠绿、嫩绿，我们就被淹没在绿色的草的海洋之中。

草原的动物很美。羊群悠闲自得埋头吃草，像朵朵白云飘浮在茫茫绿海。棕色的牛、黑色的牛、黑白相间的奶牛气定神闲地享受着阳光的照耀，不时地哞哞细语。马儿们成群结队，撒着欢儿向远方奔跑。

　　草原的牧民很美。他们策马扬鞭，在草原上尽情驰骋，落日的余晖照在他们身上，仿佛身披金色铠甲的骑士。

　　身处这样的草原，我不禁放声高歌，赞美这片美丽的草原。

　　这篇作文明显是围绕草原"美"这个特点来写的，草原的路是美的，天空是美的，草是美的，动物是美的，牧民也是美的。

虚虚实实地写

　　写作要虚实结合，就是将抽象的述说与具体的描写结合起来，将眼前所见与回忆、想象结合起来。

　　虚实结合中的"虚"景往往是由"实"景催生的。如《夜书所见》中"儿童挑促织"就是由"一灯明"引发的虚景。

　　虚实结合是作家写作时常用的一种手法，他们会通过回忆、想象、幻想来创造虚实结合。他们眼前虽然下着雪，却能想象到花儿在雪中开放，引来蜜蜂采蜜忙的虚景，形成对比，让人印象更加深刻。

想象虚景 —— 知有儿童挑促织

秋天的夜里，远远看到田野中亮起一盏灯，你会想到什么呢？这一盏灯能创造什么虚景呢？来看诗人是怎么写的吧。

夜书所见

宋·叶绍翁

萧萧梧叶送寒声，江上秋风动客情。

知有儿童挑促织，夜深篱落一灯明。

秋风吹动着梧桐叶，在外游历的诗人不禁想起自己的家乡。

忽然看到远处篱笆下有一点灯火，肯定是孩子们在捉蟋蟀。

秋风萧瑟的夜晚，客居在外的诗人远远看到篱笆处的一盏灯火。这个场景一下子让诗人想到那是有孩子在捉蟋蟀。诗人在儿时，一定也曾这样在夜晚提着灯火捉蟋蟀。这一盏灯火，瞬间就勾起了诗人对童年生活的回忆，也透露出诗人对家乡的思念。篱笆处的一盏灯火是真实可见的实景，但黑暗的夜里，隔那么远是看不到其他东西的，儿童捉蟋蟀就是诗人想象出来的虚景。本诗虚实结合，耐人寻味。

雪 （节选）

鲁迅

暖国的雨，向来没有变过冰冷的坚硬的灿烂的雪花。博识的人们觉得他单调，他自己也以为不幸否耶？江南的雪，可是滋润美艳之至了；那是还在隐约着的青春的消息，是极壮健的处子的皮肤。雪野中有血红的宝珠山茶，白中隐青的单瓣梅花，深黄的磬口的腊梅花；雪下面还有冷绿的杂草。胡蝶确乎没有；蜜蜂是否来采山茶花和梅花的蜜，我可记不真切了。但我的眼前仿佛看见冬花开在雪野中，有许多蜜蜂们忙碌地飞着，也听得他们嗡嗡地闹着。

鲁迅先生在这篇文章的一开头就运用了虚实结合来写景。宝珠山茶、单瓣梅花、腊梅花、冷绿杂草都是实景。冬花开，蜜蜂忙碌地飞则是虚景。作者用虚景反衬眼前的实景，真切自然，有冬花春意闹的诗意之美，突出表现了江南雪景中的诗意。

爷爷家的后院

马铭

夏天到了，爷爷家的后院热闹极了。

黄瓜、豆角、西红柿、茄子、冬瓜……你不让我，我不让你，竞相生长。大大小小的黄瓜头上开着小黄花，身上长满小刺，好像怕人碰它。豆角藤爬满了架子，一根根大豆角悬在空中，有的像弯刀，有的像渔刀。西红柿挂满了架，青的像可爱的小苹果，红的像过年的小灯笼。它们在绿叶的衬托下显得格外美丽。紫色的茄子挂在秧枝上，有的又长又细，有的又短又粗。还有那爬满篱笆的冬瓜藤，藤上的叶子比手掌还大……

在这个充满芳香的后院里，午睡小憩一下，非常惬意。

微风从我耳边吹过，凉凉的。黄瓜、豆角、西红柿、茄子都朝我看来，它们似乎在窃窃私语，对我这个不速之客感到好奇呢。

随着一阵脚步声，我看到爷爷背着小背篓朝这里走来。他走到黄瓜架前，用手指掐下了几根黄瓜。然后，他又蹲下身去挑选西红柿，然后是豆角、茄子，最后，爷爷来到了篱笆边的冬瓜架前。他满脸笑容地看着我，然后拍拍我说："起来吃饭啦！"

哦，原来我在爷爷的后院里睡着啦！

小作者描写后院里的黄瓜、豆角、西红柿等蔬菜是实写，听到其他蔬菜在议论自己是虚写。本文虚实结合，妙趣横生。

动静结合

在评价一段写景文章时，我们经常会听到"写得不够灵动"或"写得很灵动"。

什么是灵动？简单说，就是有活力和灵气，不呆板，富有变化，让人看了感觉很享受。

这么一说，肯定很多人一头雾水，究竟怎么写才能让文章变得"灵动"？方法有很多，但最有效的方法是"动静结合"。

雪花飘落在大地，溪水在小桥下流淌，花草在风中摇摆，蝴蝶翩翩飞过篱笆，樵夫在山路上行走……
呈现动态的景物，就是动。

天空的浮云、辽阔的草原、深邃的大山、鹅卵石的小路、芬芳的花香……
呈现静态的景物，就是静。

动静结合，就是在写景时，不要只写静态，也不要只写动态，要将动态和静态的景物结合起来，相得益彰。

有动有静 —— 儿童急走追黄蝶

任何一处景致中，一定有静也有动，把静态和动态依次写出来，能够达到相映成趣的效果。

宿新市徐公店

宋·杨万里

篱落疏疏一径深，树头新绿未成阴。
儿童急走追黄蝶，飞入菜花无处寻。

稀疏的篱笆边有一条幽深的小路，路边的树长出的叶子还不够茂盛。

一个孩童奔跑着追一只黄色的蝴蝶，可蝴蝶飞进了黄色菜花丛中，再也找不见了。

这首诗前两句写的篱笆、小路、长出嫩叶的树，都是静态景物。后两句写儿童追蝴蝶，蝴蝶飞入菜花丛中，是动态描写。前面的两句静态描写，既写出了地点，也写出了时节，描绘出了一幅暮春的农村画面。后两句突然闯进来一个孩童追蝴蝶，整个画面由静转动，一下子就变得趣味盎然了。这就是有动有静的妙处。

以动衬静 —— 空山新雨后

有时候，为了表达景色的静，会进行一些动态描写，利用动态描写衬托静。

山居秋暝

唐·王维

空山新雨后，天气晚来秋。明月松间照，清泉石上流。
竹喧归浣女，莲动下渔舟。随意春芳歇，王孙自可留。

空旷的山里刚下过一场雨，夜晚的月光从松树的间隙洒下来，清澈的泉水在山石上流淌。

洗衣的姑娘回来了，在竹林里笑语喧嚣。顺流而下的渔舟弄得荷叶轻轻摇动。

这首诗主要想表达雨后山中的幽静。皎洁的月亮、一尘不染的松树、月亮投下的斑驳月光、山石间流过的清泉，这些静态描写都表现出了幽静。但诗人觉得表现力度还不够，于是又写了竹林里喧闹的洗衣女、被渔舟拨动的荷叶两处动态场景。"竹喧""莲动"看起来似乎破坏了空山的幽静，但其实显得空山更加幽静。你想啊，如果山里很热闹，又怎么会注意到洗衣女的笑语喧哗和荷叶的摆动呢？不正是因为山里特别幽静，这样细碎的小动静才会显得格外清晰吗？这就是典型的以动衬静。

荷塘月色（节选）

朱自清

曲曲折折的荷塘上面，弥望的是田田的叶子。叶子出水很高，像亭亭的舞女的裙。层层的叶子中间，零星地点缀着些白花，有袅娜地开着的，有羞涩地打着朵儿的；正如一粒粒的明珠，又如碧天里的星星，又如刚出浴的美人。微风过处，送来缕缕清香，仿佛远处高楼上渺茫的歌声似的。这时候叶子与花也有一丝的颤动，像闪电般，霎时传过荷塘的那边去了。叶子本是肩并肩密密地挨着，这便宛然有了一道凝碧的波痕。叶子底下是脉脉的流水，遮住了，不能见一些颜色；而叶子却更见风致了。

在《荷塘月色》这篇名作中，朱自清先生描写夜晚的荷塘采用了动静结合的方法。先描写了荷叶，接着描写荷花，这些都是静的画面。紧接着，作者捕捉到微风过处叶动花颤的一刹那，写出了动的画面。动静结合，传达出了荷塘富有生命力的风采。

门前的小河

蒋重阳

　　我家的门前有一条小河，虽然每天我都能看到它，但不管看多少次，我都觉得它是那么的美丽！

　　小河弯弯曲曲，碧波荡漾，河水清澈见底。河岸上长着高大粗壮的垂柳，长长的柳条垂落进河中。河的左岸沿着河道有一条小路，以前是泥土路，现在铺上了水泥，非常平坦。河的右岸是一片农田，田里的麦苗，绿油油的，仿佛是被碧绿的小河染上的颜色一般。（静态描写）

　　小河最美好的时节是夏天。白天人们喜欢在小河边散步、乘凉、聊天。河上偶尔会出现一艘渔船，从河岸的芦苇丛中划出来。渔夫会把船上的几只鸬鹚赶下水，它们一下子潜进水中，不一会儿，又

浮了上来，嘴里叼着捕到的鱼。渔夫立刻取下鱼，并扔给它们一些小鱼作为奖励。（动态描写）

　　到了晚上，小河会退去白日的热闹，悄无声息地流过。皎洁的月光照在平坦的河面上，好像只有它在陪着小河。但几处青蛙呱呱的叫声，似乎在抗议呢。（以动衬静）

　　不过，这样悠闲的时光随着麦子的成熟而消失了。小河忙了起来。繁忙的脚步声和机器的轰隆声交织在小河边。那些收割机在麦田里跑来跑去，把一棵棵的麦子"吞"进去，"吐"出来的是一粒粒饱满的麦粒。这就是一首小河的丰收曲呀。

　　我爱门前的小河，它默默地哺育着我们的小村庄，经历风雨，千年不变。希望小河永远这样美丽。

　　作者为我们介绍了他家门前的一条小河，充分运用了动静结合的写法，并且结合比喻、拟人等手法，通过生动形象的语言描绘，使读者充分领略到了小河的美。

写不出，
就比一比

写景时，如果实在写不出，或者觉得景物的特点写得不够突出，可以用"比一比"的方法。

用景物做比较，可以让自己所写的景物更加明了，但所选的比较的景物要有代表性，最好是人人都知道的景物。如《梦游天姥吟留别》选用知名的"瀛洲""五岳""天台山"等作比较，更突出了"天姥山"的山势高大。

在许多优秀的作品中，都会用到这个方法。或者用不同地域的不同特点的景色比一比，或者用同一个地方不同时间、季节的景色比一比。

我们在写景时，不妨也用用这种方法。

同类对比 —— 海客谈瀛洲

如果要表现一座山的山势高大，除了使用各种形容词来形容，你还能想到什么表现方法？来看看大诗人李白是怎么写的吧。

梦游天姥吟留别（节选）

唐·李白

海客谈瀛洲，烟涛微茫信难求；

越人语天姥，云霞明灭或可睹。

天姥连天向天横，势拔五岳掩赤城。

天台四万八千丈，对此欲倒东南倾。

传说中的瀛洲仙山，难以寻到踪迹，但天姥山尽管高入云霄，却可以看见。

天姥山超过五岳、赤城山，四万八千丈的天台山面对它都像倾倒一样。

诗人的笔下天姥山山势非常高大，仿佛连着天遮断了天空。但诗人觉得这样形容还不够直观、形象。于是，诗人用瀛洲、五岳、赤城山、天台山等名山与天姥山比一比。瀛洲是传说中海外的三大仙山之一，人们只听过没见过，但天姥山的气势可以和瀛洲山相比。著名的五岳、赤城山都比不过天姥山，甚至四万八千丈的天台山也要向天姥山拜倒。

与几座名山的比较，更加突出了天姥山的高大。

故都的秋（节选）

郁达夫

秋天，无论在什么地方的秋天，总是好的；可是啊，北国的秋，却特别地来得清，来得静，来得悲凉。我的不远千里，要从杭州赶上青岛，更要从青岛赶上北平来的理由，也不过想饱尝一尝这"秋"，这故都的秋味。

江南，秋当然也是有的，但草木凋得慢，空气来得润，天的颜色显得淡，并且又时常多雨而少风；一个人夹在苏州上海杭州，或厦门香港广州的市民中间，混混沌沌地过去，只能感到一点点清凉，秋的味，秋的色，秋的意境与姿态，总看不饱，尝不透，赏玩不到十足。秋并不是名花，也并不是美酒，那一种半开、半醉的状态，在领略秋的过程上，是不合适的。

这篇文章写的是北国的秋景，一开篇作者就写了北国秋天的基调——北国的秋，却特别地来得清，来得静，来得悲凉。但接着诗人并没有直接描写北国的秋，而是先写了江南的秋景，通过江南的秋景与北国秋景的比较，突出了北国秋景的特色，同时表达了更浓烈的情感。

美丽青海湖

刘一航

在青海这片神奇可爱的土地上，有鲜花盛开的金银滩，有胜似仙境的孟达天池，有别具一格的茫茫戈壁，可最令人向往的，还是青海湖。

青海湖夏可避暑，冬可赏雪，四季都很适宜旅游，每年都有来自五湖四海的游客到这里游玩。青海湖浩瀚、神奇，躺在苍翠的高山的怀抱中，美丽的湖泊在阳光下泛着微微波纹，好似一面广阔无际的大镜子。那独特的湖水，不像西湖的水，蓝中带着一点点青草似的绿；不像黄河的水，黄得像泥水；也不像九寨沟里的水清澈透明。青海湖的湖水别有一番风味，它蓝得像被蓝色油漆刷过似的。在碧空如洗的日子里，蓝天、白云、群山倒映其中，显得格外美丽。

这篇文章里小作者采用"比一比"将青海湖的水与西湖的水、黄河的水、九寨沟的水进行对比，突出青海湖水的特点，令人印象深刻。

盛夏七月，正是高原油菜花盛开的时候，这里绿草如茵，碧水如玉。油菜花与碧水、蓝天、雪山相映成趣，令人流连忘返。到了傍晚，湖面泛起层层金光，草地上的帐篷星罗棋布，小鸟在空中自由飞翔，散落的牛羊缓缓地踱步，一切都是那么的安静祥和。

　　青海湖是镶嵌在世界屋脊上的一颗明珠，它美丽、可爱、富饶，欢迎着每个人去看望它。

多写颜色

景色景色，当然离不开颜色了。写景作文多写颜色，会让文章变得像景色一样优美。

写颜色可以写出整个景区的主体颜色，让读者通过整体色调感受到景色的壮丽。如《乡村四月》中用"绿"和"白"描绘了整个山川田野的鲜明画卷。

写颜色也可以写出代表性景物的颜色，让读者通过代表景物的颜色感受到景色的情趣。如《四时田园杂兴·其二十五》中用"梅子金黄""麦花雪白"描绘了夏季的田园风光。

优秀的作家很善于使用颜色的词汇，在他们的笔下，绿的、红的、粉的、白的……都能恰如其分地把景色展现得鲜活灵动，甚至还可以根据自己的心情用不同的颜色描写景物呢。

我们在写景时，不妨也多写颜色试试看。

全景写颜色 —— 绿遍山原白满川

如果要描写初夏的山野、稻田，你能用寥寥几笔描绘出它的大致景色吗？来看看诗人是怎么写的吧。

乡村四月

宋·翁卷

绿遍山原白满川，子规声里雨如烟。

乡村四月闲人少，才了蚕桑又插田。

山陵和田野一片绿色，稻田里水映天光变成白色，杜鹃鸟在烟雨中啼叫。

四月的乡村没有人闲着，刚刚结束桑蚕的事，又要忙着插秧了。

江南乡村的四月是什么样的景象呢？诗人远远地望过去，只看到两种颜色——绿和白。绿，是山野之间绿的树、绿的草、绿的禾苗。白，是灌满水的农田，倒映着天空，一片白茫茫。一绿一白，两种鲜明的颜色，一下子就把四月的农村像一幅水彩画一样展现给读者。在这样绿白相间的田野中，忙碌的农民似乎成了点缀。

这种颜色运用需要靠真真切切的观察才能创作出来。

具象写颜色 —— 梅子金黄杏子肥

同样写初夏的农村的风光，田园诗人范成大又会怎样写颜色呢？

四时田园杂兴·其二十五

宋·范成大

梅子金黄杏子肥，麦花雪白菜花稀。

日长篱落无人过，惟有蜻蜓蛱蝶飞。

梅子黄了，杏子肥了，麦花一片雪白，油菜花显得稀稀拉拉。

篱笆边没有人经过，只有蜻蜓和蝴蝶绕着篱笆在飞。

    这首诗和上一首一样，写的都是乡村初夏的景色。不同的是上一首从整体空间的色彩描写，这首诗则用"梅子""麦花"等代表性物体来描写。梅子黄、杏子肥、麦花白、菜花稀，一起组成有色有形的乡村画面。如果说上一首诗展现的像是一幅大泼墨画，那这首诗就是一幅工笔画。

    上一首诗中直接写出了农忙，这一首虽然没有直接写，却处处透露出农忙。你想篱笆边的农院里半天都不见一个人，他们都去哪儿了呢？当然是下田劳作去啦。

清朝时期，有一个大商人在家里宴客。其间，他们玩起了游戏，要求每个人都说出一句古人的诗句，诗中必须有"红""飞"二字。轮到一个年轻商人时，他想不出合适的诗句，情急之下，冒出一句："柳絮飞来片片红。"大家听了哄堂大笑。"扬州八怪"之一的金农也在场，他看小商人的样子，就想帮帮他，于是说这是元代诗人的佳句，并吟诵了全诗：

廿四桥边廿四风，凭栏犹忆旧江东。
夕阳返照桃花渡，柳絮飞来片片红。

大家听了信以为真。其实这诗是金农临时杜撰的。柳絮当然是白色的，但是在夕阳的返照下，柳絮看起来就会变成红色。写景物的颜色真是大有学问呀！

春（节选）

沈从文

天气已经将近四月了，接连而来的晴天，中间隔着几次小雨，把园中各样树木皆重新装扮过了。各样花草都仿佛正努力从地下拔起，在温暖日头下，守着本分，静静的立着，尽那只谁也看不见的手来铺排，按照秩序发叶开花。开过了花还有责任的，皆各在叶底花蒂处，缀着小小的一粒果子。这时傍近那一列长长的围墙，成排栽植的碧桃花，正同火焰那么热闹的开放。还有连翘，黄得同金子一样。木笔皆把花尖向上矗着。沿了一片草地，两行枝干儿瘦瘦的海棠，银色的枝子上，缀满了小小的花苞，娇怯怯的好像在那里候着天的吩咐。天空的白云，在微风中缓缓的移动，推着，挤着，搬出的空处，显得深蓝如海，却从无一种海会那么深又那么平。把云挪移的小风，同时，还轻轻地摇动到一切较高较柔弱的树枝。

沈从文先生在《春》里描写春天的景色，写了很多颜色：碧桃花的红、连翘的黄、海棠枝子的银，还有白的云、蓝的天。通过这些颜色，将春天描绘得多姿多彩，鲜艳夺目。这些花草充满了生命的芬芳，也使整幅春景图的色彩更为丰富、润泽。

收藏秋天

季真真

美丽的秋天到了，我准备把秋天收藏起来。

我要把秋天收藏在相机里。我走进田野里，那里有黄澄澄的玉米，它们咧开嘴，露出一排排整齐的牙齿；有红彤彤的苹果，它们害羞得红了脸；还有那带着香味的葡萄，一串串挂在藤上，紫莹莹的，像是正在憋笑的小姑娘，把自己的脸都憋紫了……我连忙举起相机，把它们全都收进相机里。

我要把秋天收藏在书页里。我走进树林，红红的枫叶从树上飘落下来，像翩翩起舞的蝴蝶；黄色的银杏叶飞落下来，像一把把打开的小扇子。我捡起来几片，把它们夹在我的书里，做成书签，让它们记录这个美丽的秋天。

我还要把秋天收藏在记忆里。我来到公园里，很多树都在飘落枯黄叶子，但松树、柏树、冬青却依旧绿意盎然。我躺在微微泛黄的草地上，看见湛蓝的天空上，飘着几朵洁白的云，就像几艘大大小小的帆在大海里悠闲地漂浮。我深深地吸上一口气，那空气中都是秋天的味道。我闭上眼睛，仔细回味，把一幅秋天的画卷刻在记忆里。

　　美丽的秋天，我一定要把你的美永远收藏起来！

　　小作者要收藏秋天，她来到田野、树林和公园记录秋天的美。在这三段中，出现了很多颜色表现秋天的美，这些颜色为文章增色不少。

让景活起来

写景物的时候，总会遇到写得很死板、不够活的情况。怎么把景物写活呢？这里有一个好办法——把景物当成人来写。

把景物写活，可以赋予景物人的职业、身份、动作、性格、情感等。如《秋山》中将乌桕树写成犯错的"老染工"，将枫树写成偷酒喝的"醉客"。

在一些优秀的作品中，我们会发现和煦的春风被当成人的手，红红的太阳被当成人的脸，竞相开放的各种花儿被当成吵闹的人儿。这样写能够让景物鲜活、生动，让人印象深刻。

我们平时在写景的时候，也要多尝试这种把景物写"活"的方法。

把景物当成人 —— 乌臼平生老染工

如果要你写深秋时节的景色你会怎么写？满山的红叶、苍翠的松柏，或者枯黄凋落的树叶……这样描写虽然不错，但不"活"，我们来看看诗人杨万里是怎么写的。

秋 山

宋·杨万里

乌臼平生老染工，错将铁皂作猩红。

小枫一夜偷天酒，却倩孤松掩醉容。

深秋的山里，老染工乌桕树出了错，把自己的铁褐色染成了猩红色。

小枫树昨夜出去偷喝了酒，藏在松树身后掩饰自己醉酒的红脸。

深秋的山上，是一片红绿色，红的是乌桕树和枫树，绿的是松树。诗人并没有简单地进行色彩描写，而是把它们当作人来写。

乌桕树叶在秋天会由铁褐色变成红色，诗人抓住这个特征，把他当成一个老染工，因为年纪大了犯了糊涂，看到周围的树叶都变红了，就把自己也染成了红色。红红的枫树呢，像调皮的孩子一样偷偷喝了酒，又怕被人发现，急忙躲在松树身后，希望不被发现醉酒的红脸。松树是一个热心肠的大哥，用自己庞大青翠的身躯帮助枫树。

瞧，同样是表达山上红绿相映，这样写是不是鲜活了起来，还充满了趣味呢？

春（节选）

朱自清

盼望着，盼望着，东风来了，春天的脚步近了。

一切都像刚睡醒的样子，欣欣然张开了眼。山朗润起来了，水涨起来了，太阳的脸红起来了。

小草偷偷地从土里钻出来，嫩嫩的，绿绿的。园子里，田野里，瞧去，一大片一大片满是的。坐着，躺着，打两个滚，踢几脚球，赛几趟跑，捉几回迷藏。风轻悄悄的，草软绵绵的。

桃树、杏树、梨树，你不让我，我不让你，都开满了花赶趟儿。红的像火，粉的像霞，白的像雪。花里带着甜味儿；闭了眼，树上仿佛已经满是桃儿、杏儿、梨儿。花下成千成百的蜜蜂嗡嗡地闹着，大小的蝴蝶飞来飞去。野花遍地是：杂样儿，有名字的，没名字的，散在草丛里，像眼睛，像星星，还眨呀眨的。

朱自清先生在《春》中描写了朝气蓬勃的春景，他把景象都当成人来写——山的朗润，太阳的红脸，小草偷偷从土里钻出来，各种花相互追赶着开放……这些原本静止的画面，刹那间就活了起来，真可谓是把景物写活的典范。

秋姑娘

黎若娴

不经意间，秋姑娘迈着轻盈的脚步走来了！

秋姑娘来到山上，拿出彩笔，给大山涂上颜色。杨柳叶被涂成了黄色，枫叶和黄栌叶被涂成红色，松树和柏树被她涂得更加苍翠。那些落到地上的叶子，她也没有放过，把它们涂成了一片黄色的地毯。哗哗哗，那是她走过地毯留下的脚步声。

秋姑娘接着来到田野，拿出彩笔，在田野里涂了起来。高粱染红了脸，谷子穿上了金黄衣服，还有那几处小小的棉花田，似乎被秋姑娘忽略了，一下子都气得白了头。

秋姑娘又来到果园，拿出了彩笔，给水果涂色。苹果像害羞的小娃娃，脸蛋通红通红的；大大的鸭梨很喜欢一身黄色，开心得在

树枝上荡起了秋千；最开心的要数石榴了，你看看它们，一个个的笑破了肚皮。

秋姑娘最后来到花园里，拿出了彩笔，给花儿们涂脂抹粉。鸡冠花的头发更红更艳了，一串红不服气，它要和鸡冠花比比谁更红，一生气吐出一串鲜红的火苗。颜色最丰富的就是菊花了，它们争先恐后地接受秋姑娘为它们涂色，黄的、白的、粉的、红的，你不让我，我不让你，在秋风中摆弄着各自的风姿，争奇斗艳。

秋姑娘真的来了，希望它多留些时间，不要匆匆而过。

小作者这篇作文描绘了秋天的景色，她把秋天写成"秋姑娘"，把秋天的各种颜色写成秋姑娘用彩色涂抹的颜色，更是把每一个秋天的景物当成人来写，让它们有了各自的思想、脾气，画面变得鲜活有趣。

抒情篇

直接说出
自己的情感

　　直接说出自己的情感，表达自己的感知，能够更清楚直接地给予读者真情实感，让读者感同身受。

　　直接说出的情感一定要真挚，要符合情境。如《赠汪伦》中诗人在登船离别之际，直接抒发了"汪伦"对自己的深厚情谊。

　　优秀的作品会对笔下的人、事、物、景进行直接的赞美、憎恶、喜爱、批判……

　　我们在写抒情文时，不妨大胆地直接表达出自己的情感。

直接表达情感 —— 不及汪伦送我情

好友为自己送行，你会怎么描述好友对自己的情谊呢？相信很多人会描绘得比较委婉含蓄，但大诗人李白却表达得很"露骨"。

赠汪伦

唐·李白

李白乘舟将欲行，忽闻岸上踏歌声。

桃花潭水深千尺，不及汪伦送我情。

李白乘船要离开，忽然听到岸上有人踏歌来为他送行。

汪伦对李白的这份情谊，就算桃花潭水千尺深也比不上呀！

古诗在抒情时，主张含蓄不直白。但李白在这首诗中表达情感却非常直白。

这也正是这首诗的特别之处，显得情味更浓。诗人在诗中直呼自己和朋友的姓名，更显得直率、洒脱，真性情。诗人即将离开，这时，朋友汪伦踏着节拍，边走边唱来为他送行，这让诗人非常意外。那一刻，诗人一定非常感动，想到汪伦平日里对自己的情谊。于是，诗人真诚地表达了这份情谊——就算桃花潭的水深千尺，也比不上朋友对我的情谊，这个比照既朴实又空灵，既自然又情真。

你看，直接将自己的情感说出来，不是也很好吗？

名作欣赏

海 燕 (节选)

高尔基

狂风吼叫……雷声轰响……

一堆堆乌云，像青色的火焰，在无底的大海上燃烧。大海抓住闪电的箭光，把它们熄灭在自己的深渊里。这些闪电的影子，活像一条条火蛇，在大海里蜿蜒游动，一晃就消失了。

——暴风雨！暴风雨就要来啦！

这是勇敢的海燕，在怒吼的大海上，在闪电中间，高傲地飞翔；这是胜利的预言家在叫喊：

——让暴风雨来得更猛烈些吧！

高尔基在《海燕》中，通过描写海燕勇敢地迎接即将到来的狂风暴雨，歌颂了当时俄国革命的前夕，无产阶级坚强无畏的战斗精神。在文章的最后，作者更是通过高呼式的词语，直接抒发了自己的情感，使整篇文章更加充满力量。

给妈妈的一封信

郝莉红

亲爱的妈妈：

您好！

您去北京打工已经一年多了，您在那儿一切还好吗？妈妈，您走后，我特别想您，盼望着您能早点回家。

妈妈，您知道吗？每当看到其他妈妈和孩子在一起时，我是多么羡慕呀！您给我买了好多吃的、穿的、玩的，当这些东西出现在我面前时，我还是忍不住流下了眼泪，虽然这些东西很好，但它们比不上您的一个微笑、一个抚摸。我多想您陪在我身边。

妈妈，您知道吗？我很羡慕邻居，他们一家四口，每天都是团团圆圆、和和睦睦的。周末，他们会一起去郊游、逛街，而我只能一个人玩，我心里就像针扎一样，好痛。

妈妈，您知道吗？我时常拿出和您一起照的照片看，

想象吃着您做的饭，想象您送我去上学。晚上，我看着您的房间，总是觉得您会突然间推门出来，给我一个惊喜。妈妈，这些您都知道吗？

我知道，妈妈为我辛苦奔波，并不是不管我，不想我，不爱我。我想，您在外面也一定像我想您一样地想着我。

马上就是中秋节了，"每逢佳节倍思亲"，妈妈，我多么希望中秋节您能回来和我一起过呀，哪怕就一天，一个小时也好呀！

我给您写这封信，就是想告诉您：

妈妈，我爱您！

祝您身体健康！

想念您的女儿　郝莉红

9月3日

小作者以信的形式向妈妈倾述了对妈妈的思念和爱，情感抒发直接真切，非常感人。

　　景不离情，情不离景，抒发情感时，往往可以通过写景来表达出来。

　　触景生情，是先写景后抒情，因为看到的某种景物，触动了自己的某种情绪。如《枫桥夜泊》中看到了夜泊枫桥的景色勾起了作者忧愁的情绪。

　　借景抒情，是先有某种情绪，然后看到某些景物，将自己的情绪通过景物表达出来。如《宿建德江》中诗人将自己的孤寂愁闷通过景物表现出来。

　　优秀的写景作品都会融入自己特别的情感，描写月缺花落会融入伤感，描写寒风中的落叶会融入孤寂，描写壮丽山川会表达喜爱和赞叹……

　　我们在写景时，也应该融入自己的真情实感。

触景生情 —— 江枫渔火对愁眠

景物总会触动某种情感，深秋的寒夜会触动什么样的情感呢？看看张继这首流传千古的名诗吧。

枫桥夜泊

唐·张继

月落乌啼霜满天，江枫渔火对愁眠。

姑苏城外寒山寺，夜半钟声到客船。

一个秋天的晚上，乌鸦啼叫，寒气满天，诗人泊舟在苏州城外的枫桥。

江边的枫树和渔火遥遥相对，半夜寒山寺的钟声传到客船。

月亮落下、乌鸦啼叫、秋霜满天，展现了一种幽寂清冷的氛围。"江枫"与"渔火"一明一暗，一静一动，一下子就勾起了作者在旅途中孤寂忧愁的情绪。这时，从寒山寺传来钟声，又更加衬托了夜的寂寥。通常在这样安静的环境下，又有沉重的钟声相伴，人应该可以睡得很香甜，但诗人心怀忧愁，难以入眠。

这是一首写愁的代表作，全诗围绕着一个"愁"字。但是，诗人并没有写为什么忧愁，没有写怎样忧愁，而是巧妙地将愁融进写景中。

借景抒情 —— 日暮客愁新

景物被寄托情感，景物就有了象征意义。客居他乡的游子思乡之情寄托于何物呢？一起看看孟浩然这首诗吧。

宿建德江

唐·孟浩然

移舟泊烟渚，日暮客愁新。
野旷天低树，江清月近人。

把小船停靠在雾气笼罩的小洲旁，日暮时分新的愁绪又涌上心头。旷野无垠，远处的天空比树还要低，只有倒映在江水中的明月和人亲近。

日落时分，停船靠岸，本来该好好地休息，消除旅途疲劳，偏偏这时涌上了客居在外思念家乡的愁绪。诗人怎么表达这份愁呢？通过景物描写。

诗人将一颗愁心化进空旷寂寥的天地，从船上远远望去，这旷野无边无际，远处的天空比树还要低。低头一看，发现江水中一轮明月和他亲近相伴。这一轮明月让诗人的愁绪得到了慰藉，诗也就此戛然而止。

林 海 （节选）

老舍

　　大兴安岭这个"岭"字，跟秦岭的"岭"字可大不一样。这里岭的确很多，横着的，顺着的，高点儿的，矮点儿的，长点儿的，短儿点的，可是没有一条使人想起"云横秦岭"那种险句。多少条岭啊，在疾驰的火车上看了几个钟头，既看不完，也看不厌。每条岭都是那么温柔，自山脚至岭顶长满了珍贵的树木，谁也不孤峰突起，盛气凌人。

　　……

　　两山之间往往流动着清可见底的小河。河岸上有多少野花呀。我是爱花的人，到这里我却叫不出那些花的名儿来。兴安岭多么会打扮自己呀：青松作衫，白桦为裙，还穿着绣花鞋。连树与树之间的空隙也不缺乏色彩：松影下开着各种的小花，招来各色的小蝴蝶——它们很亲热地落在客人的身上。花丛里还隐藏着珊瑚珠似的小红豆，兴安岭中酒厂所造的红豆酒就是用这些小野果酿成的，味道很好。

　　……

　　所以，大兴安岭越看越可爱！它的美丽就与建设结为一体，美的并不空洞，叫人心中感到亲切、舒服。

　　老舍先生在《林海》这篇文章中，通过描写大兴安岭的景色，借景抒情，不仅表达了对大兴安岭的喜爱之情，而且表达了大兴安岭的景物不仅可供人观赏，它还为祖国建设提供了充足的资源，因此展现出了超乎普通喜爱的心情。

故　乡

王弥

大巴车离故乡越来越近了，我的心也越来越激动。

车窗的一边青山连绵，青翠欲滴，像一个个和蔼可亲的乡亲，排着队在欢迎我回来。

山上长满各种各样的树，洋槐树、柿子树、柳树、杨树……可能你会觉得它们很寻常，但它们承载的是我童年的回忆——和小伙伴一起摘洋槐花吃，一起用竹竿打柿子，一起去柳树上寻蝉蜕……一幅幅画面让我感到很温暖，也很遥远。

车窗的另一边，是一条弯弯曲曲的河，河水真清啊，清得没有一丝杂质。它就这样没日没夜地流着，一年又一年，滋润着周围的

土地，哺育着十里八乡的村民。它也装着我儿时的快乐记忆：我和小伙伴下河摸鱼、打水仗、游泳……

能看到星星点点的房子了，青瓦顶，红砖墙，点缀在青山中，像是从写意画中走出来似的。童年的我们，呼朋引伴，追逐在乡间，留恋在屋檐下，围坐在炉火前……

去看看故乡，去看看从前的那些小伙伴，再去看看那些熟悉又陌生的角落，我的心已经迫不及待地插上了翅膀。

这是一篇很典型的借景抒情文，作者通过对家乡的山、河、房子等景物的描写，表达了浓浓的思乡之情。

借着事件抒情

借事抒情和记叙文不同。记叙文重在写清楚一件事，追求事件的波澜和人物鲜活。借事抒情重在追求情感的表达和传递，通过事件抒发某种感情。

借事抒情，重点在情感的抒发。如《十五从军征》中描写了一个老兵返乡的场景，抒发了悲凉、痛苦、怨愁、愤怒等情感。

借事抒情，可以通过一两件亲身经历的小事，也可以通过一些社会上发生的大事，来抒发自己的喜怒哀乐。当然，这些情绪都要基于事件本身。

你也不妨以自己亲身经历的一件小事，来试着运用借事抒情的手法吧。

借事抒情 —— 十五从军征

一个老兵，十五岁从军，八十岁返乡，可回到家乡后却发现自己的家都没了，诗人如何表达他的情绪呢？

十五从军征

汉·佚名

十五从军征，八十始得归。道逢乡里人，家中有阿谁？

遥看是君家，松柏冢累累。兔从狗窦入，雉从梁上飞。

中庭生旅谷，井上生旅葵。舂谷持作饭，采葵持作羹。

羹饭一时熟，不知饴阿谁。出门东向看，泪落沾我衣。

十五岁参军，八十岁才返乡。哪料想，家中亲人都已去世。家中长满葵菜，野兔野鸡乱跑乱飞。

他采了些野菜，舂谷做饭。饭熟了，可不知道叫谁吃饭。出门东看，泪水不禁打湿了衣裳。

一个老兵，十五岁参军，八十岁才允许回家。回到家乡后，发现家中一切都变了，亲人都已去世，家里早变得一片荒芜。整首诗只是在叙事，但透过事件是无限的悲痛。

面对这样的情形，好像要大哭一场才能把情绪表达出来。这是一个八十岁的老人，他不会像年轻人那样号啕大哭。他做完饭后，出门向东看，或许他听到了别人喊他，或许还抱着希望能够看到和他一起吃饭的亲人……结果什么都没看见，只能忍不住落泪。

这么一个情节，使悲苦无诉的感情达到了顶点。

记念刘和珍君（节选）

鲁迅

我在十八日早晨，才知道上午有群众向执政府请愿的事；下午便得到噩耗，说卫队居然开枪，死伤至数百人，而刘和珍君即在遇害者之列。但我对于这些传说，竟至于颇为怀疑。我向来是不惮以最坏的恶意，来推测中国人的，然而我还不料，也不信竟会下劣凶残到这地步。况且始终微笑着的和蔼的刘和珍君，更何至于无端在府门前喋血呢？

然而即日证明是事实了，作证的便是她自己的尸骸。还有一具，是杨德群君的。而且又证明着这不但是杀害，简直是虐杀，因为身体上还有棍棒的伤痕。

但段政府就有令，说她们是"暴徒"！

但接着就有流言，说她们是受人利用的。

惨象，已使我目不忍视了；流言，尤使我耳不忍闻。我还有什么话可说呢？我懂得衰亡民族之所以默无声息的缘由了。沉默呵，沉默呵！不在沉默中爆发，就在沉默中灭亡。

鲁迅先生在《记念刘和珍君》中，通过参加他的学生刘和珍的追悼会，想到了刘和珍在示威中遇害这件事，表达了对当时民国政府的愤慨之情。

幸福在哪里

梁文怡

要问我幸福在哪里，我会告诉你，幸福就在充满爱的家庭里，就藏在生活中那一件件的小事中——

在我感到冷的时候，妈妈会关切地给我递过来厚衣服，然后端来一碗姜糖水。在我晚上想吃汉堡的时候，爸爸会立刻出门，骑上电动车出去找没有关门的汉堡店，给我买回来热腾腾的汉堡解馋。在我感冒的时候，奶奶会立刻过来问寒问暖："鼻子通不通？头晕不晕？难不难受？"然后找来感冒药哄我吃下，看着我睡着。在我放学的时候，总能看到爷爷站在校门口朝我挥手，我像一只小鸟一样飞到爷爷身旁，然后拉着爷爷的手，在回家的路上聊着学校发生的各种各样的事……

记得十一岁生日那天，爷爷奶奶给我准备了大红包，爸爸妈妈为我准备了生日蛋糕。在我许下了愿望，吹灭蜡烛后，他们都拍手为我祝福："生日快乐，永远幸福。"那天我问爸爸："爸爸，你的幸福是什么？"爸爸说："我们全家人幸福就是爸爸的幸福。"我又问爸爸："那幸福在哪里呢？"爸爸想了想说："幸福就在我们这个家里呀！"

　　从那一刻起，我明白了：幸福就在我们身边，就在我们每个人的家里。只要家人有爱、和睦，幸福就会永远永远。

　　这篇文章通过一系列发生在家中的小事，以及自己过生日的事，表达了对幸福的理解，同时也抒发了自己对家人的爱。

现实中很多现象都能和某段历史对应上，这时候就可以借历史来抒发自己的情怀。

借历史抒情，虽然重在"情"，但现实必须要与历史事件有相同或相似的地方，才能起到有感而发的效果。如《泊秦淮》中不知"亡国恨"的商女正在唱当年南陈亡国之音《玉树后庭花》，想到当下国家的情形和南陈时很像，诗人无限感慨。

优秀的作品，会从一处古迹、一位历史人物、一段历史事件中触动情绪，生发情感。

借史抒情，需要对历史有比较深刻或者独到的了解和认知。

借史抒情 —— 商女不知亡国恨

历史总是惊人的相似，当现实中再现历史的某个场景时，你会不会追古思今？我们看看杜牧下面的这首诗。

泊秦淮

唐·杜牧

烟笼寒水月笼沙，夜泊秦淮近酒家。
商女不知亡国恨，隔江犹唱后庭花。

一个夜晚，杜牧乘船来到南京秦淮河岸，在靠近酒家的地方停泊。

酒家的歌女在弹唱，她们不知道什么叫亡国之恨，依然唱着当年的《玉树后庭花》。

《玉树后庭花》，是南朝陈后主所作。他贪图享乐，不问国事，最终被隋朝所灭。听到这首曲子，诗人想到了当下唐朝腐朽昏庸、边患频繁、社会危机四伏。且不说这些歌女们不懂国家大事，就连听歌女唱歌的达官贵人们也不关心国事，反而用这种亡国之音寻欢作乐。

面对此情此景，诗人又怎能不悲痛呢？

内蒙访古（节选）

翦伯赞

　　我在游览赵长城时，作了一首诗，称颂赵武灵王，并且送了他一个英雄的称号。赵武灵王是无愧于英雄的称号的。大家都知道，秦始皇以全国的人力物力仅仅连接原有的秦燕赵的长城并加以增补，就引起了民怨沸腾。不知什么时候起，在秦始皇面前就站着一个孟姜女，控诉这条举世闻名的万里长城。甚至在解放以后，还有人把万里长城作为"炮弹"攻击秦始皇。而赵武灵王以小小的赵国，在当时的物质和技术条件下，竟能完成这样一个巨大的国防工程而没有挨骂，不能不令人惊叹。

　　当然，我说赵武灵王是一个英雄，不仅仅因为他筑了一条长城，更重要的是因为他敢于发布"胡服骑射"的命令。要知道，他在当时发布这个命令，实质上就是与最顽固的传统习惯和保守思想宣战。

　　只要读一读《战国策·赵策》就知道当赵武灵王发布了胡服骑射的命令以后，他立即遭遇到来自赵国贵族官僚方面的普遍反抗。赵武灵王击败了那些顽固分子的反抗，终于使他们脱下了那套用以标志他们身份的祖传的宽大的衣服，并且把过了时的笨重的战车扔到历史的垃圾堆里去。敢于这样做的人，难道不是一个英雄吗？可以肯定说是一个英雄，一个大大的英雄。

　　作者在内蒙古游览赵长城遗址时，不禁想到了赵武灵王的"胡服骑射"，对赵武灵王坚持改革，敢于与最顽固的守旧分子宣战的精神，抒发了自己的称赞之情。

大沽口沉思

叶凡

　　爸爸是一位科研工作者，平时工作繁忙。这个周末，他终于有时间带我出去玩儿了，去的是大沽口炮台。

　　到了没一会儿我就想离开了，除了一些锈迹斑斑的大铁炮，根本就没什么特别的地方嘛！但爸爸却一路拉着我一边参观，一边为我讲解。

　　大沽口炮台自古就是津门屏障，入京咽喉，承担重要的海防任务。第一次鸦片战争期间，清政府不断地对大沽口炮台进行增修加固，但相比洋人的坚船利炮，始终都很落后。大沽口炮台与洋人进行了四次战役，除了第二次战役，其他都以惨败告终。造成的结果就是，炮台被毁，将士战死无数，清政府不得不与洋人签署一个又一个丧权辱国的不平等条约。

　　我越听心情越沉重，看着眼前的铁炮，我似乎看到了硝烟弥漫，无数人倒在血泊中，但后来人依然毅然决然地坚守在阵地上，绝不退缩。

　　爸爸常说两句话："落后就要挨打""舍小家为大家"。我现在总算有些体会了。像爸爸这样的无数的工作者，他们夜以继日地工作，不就是为了我们国家不落后，不就是舍小家为大家吗？

　　小作者通过参观大沽口炮台，了解大沽口炮台的几次交战的历史，抒发了对像爸爸一样的科研工作者的赞美之情。

图书在版编目（CIP）数据

跟着古诗学写作：全6册 / 陈英著；知舟绘 . --

北京：北京理工大学出版社，2024.7

ISBN 978 - 7 - 5763 - 3717 - 4

Ⅰ.①跟… Ⅱ.①陈… ②知… Ⅲ.①作文课－小学

－教学参考资料 Ⅳ.① G624.243

中国国家版本馆 CIP 数据核字 (2024) 第 059642 号

责任编辑：申玉琴　　　文案编辑：申玉琴
责任校对：刘亚男　　　责任印制：施胜娟

出版发行 / 北京理工大学出版社有限责任公司

社　　址 / 北京市丰台区四合庄路 6 号

邮　　编 / 100070

电　　话 / （010）68944451（大众售后服务热线）

　　　　　（010）68912824（大众售后服务热线）

网　　址 / http://www.bitpress.com.cn

版 印 次 / 2024 年 7 月第 1 版第 1 次印刷

印　　刷 / 北京地大彩印有限公司

开　　本 / 710 mm × 1000 mm　1/16

印　　张 / 28

字　　数 / 443 千字

定　　价 / 210.00 元（全 6 册）

跟着古诗学写作

写事

陈英◎著　　知舟◎绘

北京理工大学出版社
BEIJING INSTITUTE OF TECHNOLOGY PRESS

作者

陈 英

高级教师，40 年语文"老"教师，曾获得教学成果一等奖，曾担任作文、朗诵、语综等诸多竞赛评委。

陈老师喜欢孩子，痴迷于文学，在陈老师眼里，一诗一句都是五千年中华流淌下来的文明。40 年积累的上千节语文课堂实践、写作要点、古诗常识，在陈老师的笔下，抽丝剥茧，去糟取精，浓缩成这套有趣有料的《跟着古诗学写作》，奉献给孩子。

知 舟

原创作者，12 年主编主笔。

曾创作多部畅销图书，过往成绩不一一赘述。

曾获得 2018 年国家出版基金（少儿类）、2018 年"原动力"中国原创动漫出版扶持计划、2019 年自然资源优秀科普图书等奖项。

目录

事情正着写

　　写记事文可以按照事件发生、发展的先后顺序进行叙述，也就是顺叙。这样可以使文章条理清晰、结构分明。

　　顺叙要求文章的记叙层次与事情的发展过程一致。如《清明》中清明问路整件事，是按照事情的前因后果记述的。

　　顺叙是最常见的一种文章写作顺序。优秀的作品都会把事件的起因、经过、发展、高潮和结果写得清楚明了。
　　在写记事文时，顺叙是我们一定要掌握的。

顺叙 —— 清明时节雨纷纷

清明节、下雨天、避雨、问路、驱寒……这一系列的事情该如何有层次地组织起来呢？来看看杜牧的这首诗。

清 明

唐·杜牧

清明时节雨纷纷，路上行人欲断魂。

借问酒家何处有？牧童遥指杏花村。

清明节，绵绵细雨。路上的行人情绪低落，似丢魂失魄。

杜牧向一个牧童打问哪里有酒家，牧童用手指向远处的杏花村。

这首诗讲述了清明节遇雨问路的小事，短短四句按照先后顺序交代得清清楚楚。清明的小雨让路上的行人如断魂。衣服淋湿了，身上感到很冷，多想找一个酒家避避雨，喝点酒驱驱寒。自然而然，诗人就会问路，结果就是牧童指向远处的杏花村。

你瞧，整首诗顺序推进，一气呵成，使读者一目了然。

十里长街送总理

吴瑛

天灰蒙蒙的，又阴又冷。长安街两旁的人行道上挤满了男女老少。路那样长，人那样多，向东望不见头，向西望不见尾。人们臂上都缠着黑纱，胸前都佩着白花，眼睛都望着周总理的灵车将要开来的方向。一位满头银发的老奶奶拄着拐杖，背靠着一棵洋槐树，焦急而又耐心地等待着。一对青年夫妇，丈夫抱着小女儿，妻子领着六七岁的儿子，他们挤下了人行道，探着身子张望。一群泪痕满面的"红领巾"，相互扶着肩，踮着脚望着，望着……

夜幕开始降下来。几辆前导车过去以后，总理的灵车缓缓地开来了。灵车四周挂着黑色和黄色的挽幛，上面装饰着大白花，庄严，肃穆。人们心情沉痛，目光随着灵车移动。好像有谁在无声地指挥。老人、青年、小孩，都不约而同地站直了身体，摘下帽子，眼睁睁地望着灵车，哭泣着，顾不得擦去腮边的泪水。

就在这十里长街上，我们的周总理陪着毛主席检阅过多少次人民群众，迎接过多少位来自五洲四海的国际友人。人们常常幸福地看到周总理，看到他矫健的身躯、慈祥的面庞。然而今天，他静静地躺在灵车里，渐渐远去，和我们永别了！

灵车缓缓地前进，牵动着千万人的心。许多人在人行道上追着灵车奔跑。人们多么希望车子能停下来，希望时间能停下来！可是灵车渐渐地远去了，最后消失在苍茫的夜色中了。人们还是面向灵车开去的方向，静静地站着，站着，好像在等待周总理回来。

这篇文章以时间的先后顺序进行了描写，按照人们盼灵车、望灵车、追灵车的思路，先讲灵车到来之前，人们等灵车的情景，然后讲灵车到来时，人们眼望灵车想念总理的悲痛场面，最后讲灵车过去了，人们仍不肯离去，条理清晰，结构分明。

装病

李一诺

　　天真冷啊，寒风吹在脸上像刀割一样。该做课间操了，我望着窗外犹豫起来。怎么才能不出去呢？我灵机一动，便一手捂着肚子装起病来。我趴在桌子上，头埋得低低的，嘴里不停哼哼。老师看见我这副模样，就关切地问我是不是不舒服，还伸手摸了摸我的额头。我装作痛苦的样子点点头。老师亲切地说：“你就别做操了，在教室里好好休息一下。”我松了一口气，总算成功了。

　　隔着窗子看着同学们在寒风中做操，我心想，真够冷的，可坐在教室里却感到不自在。

　　课间操做完了，同学们围着我问这问那，有的说：“你肚子还

疼吗？"有的说："要不，我陪你去医院吧。"我连忙说："不要紧，不要紧。"

上课时，老师走过来搂着我，轻声问道："还疼吗？"我只好点点头。"好，你先忍忍，等上完课，老师送你回家。"老师的关心让我暖洋洋的。老师课讲得很生动，我听着听着竟忘了"生病"，忍不住举手发言。老师高兴地表扬我："李一诺同学生病了还积极发言，大家应该向她学习。"听了老师的话，我心里又甜蜜又惭愧。

放学了，该我们组值日。老师对我说："今天，你就别做值日了。"说完，老师还让两个同学顺路把我送回家。回家的路上，两个同学一直扶着我走，为了让我忘记肚子的疼痛，她们一直逗我开心。

我百感交集，不停地在心里说：谢谢……对不起，今后我再也不装病了。

小作者采用了顺叙的叙述方式，按照课间、上课、放学的时间顺序，将装病的起因、经过、结果依次叙述，并且通过心理描写和语言描写，真实描绘当时的情况，使读者感同身受。

事情倒着写

倒叙就是将事情的结果提前叙述，或者将事件发展过程中的某一个环节提前叙述，然后再用顺叙的方式从头叙述事件。

简单来说，倒叙是一种颠倒时间顺序的叙述方式。如《春晓》中先写春日清晨的所见所闻，再写昨夜的境况。

作家很擅长倒叙的方式，倒叙可以使故事曲折感人，引起读者的兴趣。

当你觉得自己写的故事太平淡时，不妨试试倒叙。

倒叙 —— 春眠不觉晓

写春景的文章有很多，怎样用最简练的语言把春景写得令人印象深刻呢？一起来看看孟浩然的这首名诗。

春 晓

唐·孟浩然

春眠不觉晓，处处闻啼鸟。

夜来风雨声，花落知多少。

春天睡得香，不知道不觉天就亮了。

醒来听到到处都有鸟叫。

想起昨天夜里刮风下雨。

花儿不知道被打落了多少。

夜里刮风下雨，打落了不少花朵。天亮了，处处都是鸟儿在啼叫。这是很普通的一个生活片段。

但诗人不按时间顺序写，而是先写天亮了，自己被鸟儿的啼叫吵醒了，流露出对春天的喜爱。接着，诗人追忆起昨天夜里的风雨，不知道打落了多少花儿。花儿代表着"春天"，这里诗人流露出对春天的爱惜。从喜春到惜春，诗人运用倒叙，让原本平淡的叙述变得曲折跌宕。

名作欣赏

灯光（节选）

王愿坚

我爱到天安门广场走走，尤其是晚上。广场上千万盏灯静静地照耀着周围的宏伟建筑，令人心头光明又温暖。

清明节前的一个晚上，我又漫步在广场上，忽然背后传来一声赞叹："多好啊！"我心头微微一震，是什么时候听到过这句话来着？噢，对了，那是很久以前了。于是，我沉入了深深的回忆。

1947 年的初秋，当时我是战地记者。挺进豫皖苏平原的我军部队，把国民党军五十七师紧紧地包围在一个叫沙土集的村子里。激烈的围歼战就要开始了。天黑的时候，我摸进一片茂密的沙柳林，在匆匆挖成的交通沟里找到了突击连，来到了郝副营长的身边。

……

灯光是和平年代生活中的普通事物，也是战争时期美好生活的象征。这篇文章，作者采用倒叙的方式，由天安门广场的灯光写起，回想到过去战争年代一件关于灯光的往事。这样写，两相对比，既突出了革命先烈对理想的执着，也表达了对今天美好生活来之不易的珍惜。

编辫子

孟丽芸

作为一个安静沉稳的女孩子，我也有调皮捣蛋的时候。记得我五岁那年，我刚刚学会了编小辫子，见到什么可以编的就忍不住上手去编，什么帽子上的假发、家里的窗帘、外面捡来的彩带……全都是我编辫子的对象。不过，让我印象最深的还是给爷爷的胡子编辫子，哈哈哈！

那是夏日的一个午后，我们全家都在院子里乘凉。爷爷舒舒服服地躺在他的专属凉椅上，静静地睡着了，不时发出响亮的鼾声。我看着爷爷，被他那一撮长长的灰白的胡子吸引了，顿时就动起了"坏心眼"——用爷爷的胡子编一个辫子。

不过，爸爸妈妈还在，看到我这么胡闹，肯定会制止我。我不得不耐心等待。好一会儿后，爸爸妈妈终于回到了屋子里。我的机会来了。于是，我蹑手蹑脚地走到爷爷身边，略微一盘算，就把爷爷的胡子分成三股。然后把三股胡子你压我、我压它地开始编起来。我每一下动作都非常谨慎，生怕一个不小心就把爷爷弄醒，那辫子可就编不成了。还好，辫子编得很顺利，我用事先准备好的小皮筋，把"胡子辫子"扎了起来。嘿！我的手艺还真不错！正在我得意的时候，爷爷忽然翻了一下身，吓得我连忙跑回屋子里。

爷爷睡醒了。就在这时，妈妈看见了我的"战果"，然后哈哈大笑起来。爸爸跑出来一看，也跟着大笑起来，我看见爷爷那滑稽的样子，也笑得说不出话。爷爷看我们都在笑，自己也莫名其妙地笑了起来……

哈哈，这可是我编过的最快乐的一个辫子啦。

小作者的这篇作文采用了倒叙的方式，先写了用爷爷的胡子编辫子令自己印象最深，再写了用爷爷胡子编辫子的过程。全文语言幽默，富有生活气息，生动自然。

事情补一补，就是补叙，写文章时根据内容的需要，用简短的篇幅对前面所写的人或者事进行补充交代，可以让文章结构更加完整。

补叙就像一件衣服上的小补丁，很小，很短，但是能弥补故事上可能存在的漏洞。如《勤政楼西老柳》中先描绘了一株半枯的老柳树，然后又补叙了柳树的年龄，表现了历史的变迁。

优秀的作家在写故事时，会故意把一些情节"藏"起来，使整个故事曲折丛生、悬念迭起，让读者充满疑问，然后再通过补叙交代"藏"起来的情节，令读者恍然大悟、拍案称绝。

我们在写作的时候，也要多学习这种写作方法。

补叙 —— 开元一枝柳

写柳树的诗文有很多，但大多是写柳树的美或绿。但如果是一株半枯的老柳该写些什么呢？来看看诗人的佳作。

勤政楼西老柳

唐·白居易

半朽临风树，多情立马人。
开元一枝柳，长庆二年春。

勤政楼西有一株半枯柳树。这株柳树是开元年间种的，现在是长庆二年春天，近百龄，算是垂暮之年了。

诗人立马在柳树前，不禁联想到垂暮之年的自己，仿佛柳树就是自己，自己就是柳树。为什么这么说呢？答案就在后两句。

一是自己和柳树一样，都已年老。柳树是唐玄宗开元年间（713—741 年）所种，现在是唐穆宗长庆二年（822 年），已近百年。二是这株柳树经历了百年由兴到衰的变迁，阅尽了人世沧桑，心情一定也和自己一样充满无限悲感。

普通一株老柳，经过诗人的补叙，不仅点明了柳树的年龄，还将深沉的情感蕴含其中。

小英雄雨来 (节选)

管桦

　　大家呆呆地在河岸上立着。还乡河静静的，河水打着漩涡哗哗地向下流去。虫子在草窝里叫着。不知谁说："也许鬼子把雨来扔在河里，冲走了！"

　　大家就顺着河岸向下找。突然铁头叫起来："啊！雨来！雨来！"

　　在芦苇丛里，水面上露出个小脑袋来。雨来还是像小鸭子一样，抖着头上的水，用手抹一下眼睛和鼻子，扒着芦苇，向岸上的人问道："鬼子走了？"

　　"啊！"大家都高兴地叫起来，"雨来没有死！雨来没有死！"

　　原来枪响以前，雨来就趁鬼子不防备，一头扎到河里去。鬼子慌忙向水里打枪，可是我们的小英雄雨来已经从水底游到远处去了。

　　作者描写了一位与日本侵略者斗智斗勇，并最终获胜的小英雄雨来的故事。故事的后半段，雨来被气急败坏的敌人拉去枪毙，大家都以为雨来牺牲了，但雨来却奇迹般地从水中钻了出来。大家都在疑惑雨来是怎么脱险的？于是，作者在文章最后通过补叙解惑，原来雨来趁敌人不注意，跳进水里脱险。短短的几句，让读者恍然大悟。

"捡破烂"小组

洪明嘉

周末了，我们"捡破烂"小组又要开始行动了。

一大早，"破烂王"就把我们召集到小区的池塘边，胳膊下夹着一个绿色的编织袋。他是小区的一个中年大叔，经常在小区的各个角落捡垃圾，大家就拿"破烂王"当他的名字。他经常用捡来的垃圾制作各种各样的小制作，我和小区其他两个小伙伴很感兴趣，就一起加入组成了"捡破烂"小组。

"破烂王"一边给我发手套，一边说着他最近的新制作遇到的问题。他想制作一个用来买菜的小拉车，最好能轻便一些，其他的材料都解决了，只剩下轮子了。怎样才能找到做车轮的材料呢？我们绞尽脑汁，有的说用易拉罐，但易拉罐不抗压，没办法承重啊！有的说，干脆找小拉车或者行李箱，拆下它们的轮子用。"破烂王"立刻否决："我们小组是利用废物做成有用的东西，怎么能为了制作去搞破坏呢？"我们一边捡破烂一边思考。

小作者运用了补叙，补充说明了"破烂王"名字的由来，同时也用寥寥数语，补充了"捡破烂"小组成立的缘由和经过。

捡着捡着，忽然一个红色的饮料瓶盖滚到了我脚边，我忽然有了灵感，捡起瓶盖，就去找"破烂王"。我问他："你看，用饮料瓶盖不是可以做轮子吗？""我也考虑过，但瓶盖中间是空的，恐怕也没办法承重呀！""如果把两个瓶盖扣在一起，像大型的卡车那样做成两排的轮子呢？""哎呀，这倒是个好主意，可以试试。"

　　"破烂王"采纳了我的建议，在小拉车上装了两排瓶盖车轮，不仅轻便，还很美观。"破烂王"拉着新做好的车，说这都是我的功劳，还说小拉车就用我的名字命名，叫"明嘉车"。我听得非常感动，其实我只是提供了一个建议而已，别的什么都没做。

　　从此以后，我们"捡破烂"小组也出了名，很多人加入了我们的小组！

插入有关的
事情

啥都懂

　　插入有关的事情，其实就是插叙，即在叙述事件的时候，插入一段与主要情节相关的情节或事件。插叙和补叙不同，插叙只能在文章中插入，而且去掉不影响故事本身的完整。而补叙可以在文章中，也可以在文章末尾，是故事的有机组成，去掉会影响故事的完整。

　　插叙有助于情节的展开和人物形象的刻画。如《念奴娇·赤壁怀古》中"小乔初嫁了"刻画了周瑜的年轻英雄形象。

　　作家在创作文章，尤其是刻画人物时，往往会通过"听人说……""据说……""想到了……""浮现出……"引出一段或几段插叙，使人物的形象更加鲜明。

　　插叙是一种很好的叙述方法，我们一定要掌握。

插叙 —— 遥想公瑾当年

站在赤壁之战的古战场，想到了三国时期打败曹操八十万大军的周瑜，你会如何写周瑜的英雄形象呢？看看苏东坡是怎么写的吧！

念奴娇·赤壁怀古

宋·苏轼

大江东去，浪淘尽，千古风流人物。故垒西边，人道是：三国周郎赤壁。

乱石穿空，惊涛拍岸，卷起千堆雪。江山如画，一时多少豪杰。

遥想公瑾当年，小乔初嫁了，雄姿英发。羽扇纶巾，谈笑间、樯橹灰飞烟灭。

故国神游，多情应笑我，早生华发。人生如梦，一尊还酹江月。

江水滚滚东流，淘尽千古风流人物。在古战场的西边，人们说是三国时期周瑜破曹军的赤壁。

遥想当年的周瑜，与小乔新婚，英姿飒爽，风度翩翩。

周瑜摇着羽毛扇子，戴着青丝头巾指挥战斗，谈笑之间，八十万曹军就灰飞烟灭了。

相较之下，我空有怀古的柔情，未老就长了白发。人生如同一场梦，举起酒杯祭月，将感情寄托给这万古的月亮吧。

这首词中，苏东坡借对三国时期东吴将领周瑜的追念，表达了自己怀才不遇、功业未就的忧愤。原本描写周瑜在赤壁之战的潇洒自若，却偏偏插入了"小乔初嫁了"这段往事，是不是觉得很突兀？

其实这正是词人的高明之处。小乔刚嫁给周瑜，说明当时周瑜年轻。年纪轻轻就建立了如此大的功勋。另外，"小乔"是美女，以美女烘托出周瑜的形象。词人插入这么一段叙述，塑造出了周瑜年少有为、潇洒英俊的英雄形象。

孔乙己（节选）

鲁迅

听人家背地里谈论，孔乙己原来也读过书，但终于没有进学，又不会营生；于是愈过愈穷，弄到将要讨饭了。幸而写得一笔好字，便替人家钞书，换一碗饭吃。可惜他又有一样坏脾气，便是好喝懒做。做不到几天，便连人和书籍纸张笔砚，一齐失踪。如是几次，叫他钞书的人也没有了。孔乙己没有法，便免不了偶然做些偷窃的事。但他在我们店里，品行却比别人都好，就是从不拖欠；虽然间或没有现钱，暂时记在粉板上，但不出一月，定然还清，从粉板上拭去了孔乙己的名字。

……

鲁迅先生在《孔乙己》中，通过"听人家背地里谈论"插入了一段情节。这段插叙补充交待了孔乙己的身世、境遇、脾气与品行。从中我们可以了解到孔乙己从一个读书人变成了一个好吃懒做的穷人。他会偷窃东西，但又不会拖欠酒钱，说明他虽然穷困潦倒，但又保持了一些读书人的骄傲。这段插叙让读者对孔乙己矛盾的性格加深了了解，同时引出后续的故事情节。

捅马蜂窝

刘晓丹

星期天下午，我决定去做一件大事——和几个小伙伴一起去捅马蜂窝。捅马蜂窝勇士到齐后，我们就雄赳赳、气昂昂地朝马蜂窝进发。

在大家的鼓励下，我拿着竹竿慢慢靠近了马蜂窝，看着在蜂窝上爬来爬去的马蜂，我脑海中忽然出现了前些天的画面——

我们以前常玩的大树上，不知道什么时候住进了一窝马蜂。我们像赶苍蝇似的作势要把它们赶走，可它们却装作没看见似的，毫无反应。这还了得，于是我们找来石子，一起出手朝马蜂窝丢去。啪！一枚石子打中了，那马蜂窝晃动了几下。忽然，几只马蜂冲了出来，不知谁大喊了一声："快跑！"瞬间，各回各家了。

小作者这里运用插叙的方式讲述了马蜂窝的由来，以及与马蜂窝的恩怨。同时，也展现了马蜂的凶猛，给后文捅马蜂窝的凶险做了铺垫。

哎，这么多人斗不过几只小小的马蜂，真丢人啊！突然，从外面飞回来几只马蜂钻进窝里。我还以为它们要来蜇人，吓得赶紧往后退了几大步。其他小伙伴看得哈哈大笑，还说："胆小鬼，捅呀！怕什么？"我一听就不乐意了，我堂堂的捅马蜂窝小队组织者，怎么能被你们瞧不起呢？于是，我握紧竹竿，瞄准了树上的马蜂窝，用足力气，"啪"地一下，就把马蜂窝打了下来。

我们正准备欢呼时，马蜂就涌了出来。我们一个个抱头鼠窜，有的躲进了草丛里，有的用衣服包着头，还有的挥着袖子驱赶马蜂……我大喊一声："快跑啊！"大家才回过神，纷纷往自己家跑去。

回到家，妈妈知道我去捅了马蜂窝，狠狠地批评了我一顿，然后给消防队打了求助电话。最后，消防员叔叔用火灭掉了马蜂，赢得了一片称赞声。而我呢，又被消防员叔叔教育了一顿，哎！我的一世英名呀！

小事要写大

小事要写大，这个"大"一是指事情写得丰满，一是指立意高。

把小事写丰满，要多角度观察，多层次描写，将小事写得妙趣横生。如《稚子弄冰》中几个孩子玩冰的事写得精彩纷呈。

把小事的立意提高，就是通过一件小事进行议论抒情，拔高主题。如《悯农·其二》中用"盘中餐"表达农民的艰辛和粮食的来之不易。

一件司空见惯的小事，在作家笔下，会变得非常充实，还会蕴含深刻的主题。比如，一次普通得不能再普通的家人散步，也能写得颇具内涵，给人以启迪。

把小事写丰满 —— 稚子金盆脱晓冰

如果要用一件很普通的小事来表现孩子们的童真、童趣，你会怎么写呢？来看看诗人杨万里是怎样写的。

稚子弄冰

宋·杨万里

稚子金盆脱晓冰，彩丝穿取当银钲。

敲成玉磬穿林响，忽作玻璃碎地声。

冬天的一个清晨，几个孩子把冻在盆里的冰块脱下来。

他们用彩线将冰穿起来，当成一种乐器玩。

然后，提在手里敲打，发出的声响穿过了林子。

忽然发出玉石破碎的声音，原来是冰块摔碎了。

寒冷的冬天，人们都不愿意出门，但贪玩的孩子大清早就出门玩冰了。他们把盆里脱的冰，穿上线当成磬来敲，真是既调皮又聪明。他们在林子里边跑边敲，玩得多么痛快，忽然，冰块掉在地上碎了。诗人就此收了尾，孩子的心情会怎样呢？诗人并没有写，或许是感到遗憾，或许会互相埋怨，或许他们又会突然想到其他好玩的……

瞧，一件普通的小事，就这样在诗人的笔下写得活灵活现，趣味盎然。

把立意拔高 —— 粒粒皆辛苦

烈日当空的夏天，农民在田里锄地，这种农村常见的小事，你会想到什么？诗人通过这样的小事会想到什么呢？

悯农·其二

唐·李绅

锄禾日当午，汗滴禾下土。

谁知盘中餐，粒粒皆辛苦。

夏日，农民顶着烈日锄草，汗水不停流下。

他感慨道：谁知道盘中的饭，每一粒都是农民辛苦换来的呢？

这首诗中，开头就写了一件很不起眼的小事——农民在田里锄地。但是，诗人由此产生的感悟和抒发的情感一下子就让这件小事变"大"了。

农民顶着烈日，汗流浃背地下田辛苦干活，为的就是种出粮食。可是，有多少人吃着盘子里的饭时，知道每一粒粮食都饱含着农民的辛苦呢？在诗人看来，那一粒粒的粮食变成了一粒粒农民的汗水。

散 步 (节选)

莫怀戚

我和母亲走在前面，我的妻子和儿子走在后面。小家伙突然叫起来："前面也是妈妈和儿子，后面也是妈妈和儿子。"我们都笑了。

后来发生了分歧：母亲要走大路，大路平顺；我的儿子要走小路，小路有意思。不过，一切都取决于我。我的母亲老了，她早已习惯听从她强壮的儿子；我的儿子还小，他还习惯听从他高大的父亲；妻子呢，在外面，她总是听我的。一霎时我感到了责任的重大，就像民族领袖在严重关头时那样。我想找一个两全的办法，找不出；我想拆散一家人，分成两路，各得其所，终不愿意。我决定委屈儿子，因为我伴同他的时日还长。我说："走大路。"

但是母亲摸摸孙儿的小脑瓜，变了主意："还是走小路吧。"她的眼随小路望去：那里有金色的菜花，两行整齐的桑树，尽头一口水波粼粼的鱼塘。"我走不过去的地方，你就背着我。"母亲对我说。

这样，我们在阳光下，向着那菜花、桑树和鱼塘走去。到了一处，我蹲下来，背起了母亲，妻子也蹲下来，背起了儿子。我的母亲虽然高大，然而很瘦，自然不算重；儿子虽然很胖，毕竟幼小，自然也轻。但我和妻子都是慢慢地，稳稳地，走得很仔细，好像我背上的同她背上的加起来，就是整个世界。

这篇文章中，作者通过一家人散步这样一件普通的不能再普通的小事，不仅详细地写出了散步的过程，而且在结尾处又将立意陡然拔高。作者背起了母亲，是尊老；妻子背起了儿子，是爱幼。尊老爱幼既是社会责任，又是人性之美。这不仅是三代人相互之间的爱惜，更是对生命的珍爱。

丢钱以后

钱佳宁

上个月，我丢了200元钱，那是妈妈给我用来买桌游的钱。

这下可糟了！如果被妈妈知道，那……一顿骂肯定是少不了的，因为妈妈是家里的"母老虎"，可凶啦！但不告诉妈妈，我怎么交差呢？我的桌游不也泡汤了吗？思考再三，我还是鼓足勇气告诉了妈妈。

妈妈非常生气，但看我主动"认罪"，没有欺瞒，就说："丢钱的事就不追究了，不过买桌游的钱就只能你自己想办法啦！"啊，要我想办法？我能有什么办法呢？看到我伤心懊恼的样子，妈妈就给我出了个主意："我给你想个办法，你可以通过做家务来赚这笔钱，怎么样？"我开心地点头："好啊好啊！我愿意做家务！"

于是，妈妈列出了一个报价单：洗一件衣服1元，刷一双鞋1元，擦一次玻璃1元，扫一次地5角，洗一个碗1角……我看着这份报价单，刚想提出异议，妈妈就说："虽然每一个家务活看起来不多，但积少成多，明白吗？"我只好同意。

于是，我就天天抢着做家务，洗衣服、刷鞋、扫地、擦玻璃、择菜……什么都抢着干。有几次，爸爸怕我太累了，想帮帮我，结果被妈妈扣掉了一半的钱。从此，我宁肯累得腰酸背痛、筋疲力尽，也不让爸爸再帮忙了。

有时候去商店，看到我最喜欢的零食，正准备掏钱买时，忽然心里就有个声音提醒我："你要这样花钱，可就完不成任务啦！"我只好摇摇头，离开。

丢钱以后，妈妈说我懂事多了。现在，我已经通过做家务赚到了 182 元钱。再有一个星期，我就可以"解放"了。

我仿佛看到了好玩的桌游在向我招手，我要继续努力！

丢钱是一件普通的小事，但小作者抓住丢钱以后这一主题，着重丢钱以后的"补救措施"，并没有以简单的教训收场，而是采用积极的方法进行弥补。同时，通过这件小事，将立意提高：一是要勇于承担自己过错；二是生活中没有不劳而获，要树立正确的金钱观。

大事要写小

　　大事要写小，是指大事件、大主题很难把握，但可以选取其中的小细节、小片段落笔，把小细节、小片段写好，可以起到"窥一斑而见全豹"的效果。

　　虽然是写小细节、小片段，但这个"小"要写得集中，要与描述的大事关系紧密。如《登科后》中长安城畅快的"走马观花"集中体现了诗人考取功名这件人生大事。

　　作家在表现宏大主题或宏大事件时，往往会"化大为小"，用一件小事表达大主题，用小人物表达大情感，用小片段体现大背景。因为这些大主题、大事件下的小事情、小人物、小片段，更能让读者感受到其中的深意。

　　把大事写小，这是我们要学习的。

大事化小 —— 一日看尽长安花

如果你考试考了一个很好的成绩，你会有什么感受？会做什么事？你又会怎么写这次考试后的感受？而诗人孟郊是怎么写的呢？

登科后

唐·孟郊

昔日龌龊不足夸，今朝放荡思天涯。

春风得意马蹄疾，一日看尽长安花。

诗人孟郊终于考中了进士。

他心情愉快，骑马疾驰，一天就看完了长安城的花。

在古代，科举是人生大事。科举考试这件事，有太多可写的——十年寒窗苦读、亲人的鼓励、师长的教诲、畅想未来自己的抱负，等等。但诗人只抓住了自己考中后的大喜之情，觉得往日的穷苦日子不足一提，今天应该放荡一下，于是就骑着马在长安城中奔驰，一天之内就看遍了长安城的花，仿佛要让所有的花都知道他考中了进士一般。

夜走灵官峡 (节选)

杜鹏程

石洞挺大，里头热腾腾的，有锅碗盆罐，有床铺。床头贴着"胖娃娃拔萝卜"的年画。墙上裱糊的报纸，让灶烟熏得乌黑。

"屋里怎么没有人哪？"我一边说，一边抖着大衣和帽子上的雪。

坐在那里的小孩扭转头，眼睛忽闪忽闪地望着我，说："叔叔！我不是个人？"他站起来背着手，挺着胸脯站在我跟前，不住地用舌头舔着嘴唇，仿佛向我证明：他不仅是个人，而且是个很大的人。

我捧住那挺圆实的脸盘说："小鬼！你机灵得很哟！"

他把我的手推开，提着两个小拳头，偏着脑袋质问："哼！叫我'小鬼'？我有名字呀！"他指着床上那个睡得挺香的小女孩说："妹妹叫宝情（成），我叫情（成）渝！"

不用问，这孩子像我碰到的千百个孩子一样：工地里出生，工地里成长。工人们喜欢用工地的名字给孩子命名。成渝这孩子大约生长在成渝铁路工地，那个叫宝成的小女孩，也许就出生在此处。

这篇文章是写修建宝成铁路的境况。作者把笔墨着重在一个风雪交加的夜晚与一个工人孩子聊天这件小事上。通过这样一件小事，反映了铁路工人修建铁路的艰苦，歌颂了他们战天斗地的英雄气概。

念叨钱

张宁宇

我的爸爸是个农民工，他自学了制图和测量，在一家建筑公司做技术员。他早出晚归，好几天见不到他是常有的事。因此，我给爸爸起了个外号叫"地下工作者"。但不知从什么时候开始，我每次见爸爸的时候，他嘴里总会念叨钱。

有一次，爸爸工作回来，安全帽、工作服上到处都是油污和泥浆，脚上的鞋子已分不清什么颜色。他端起一碗稀饭，也不用筷子，稀里呼噜就把一碗稀饭倒进了肚子里，然后抓起两个馒头边往嘴里塞，边往外面走。我急忙说："爸，吃了饭再走吧，急什么？"爸爸笑笑说："图纸还没画好，赶紧干完能早点拿到钱。"说着他就出去了。

到了半夜，爸爸拖着沉重的脚步声回来。一进屋，他手不擦，脸也不洗，就坐在客厅里拿起一张一张的图纸审视着，布满血丝的眼睛里露出疲惫的神色。我忍不住劝他："爸，工作一天了，回家好好休息一下吧。"爸爸一边看图纸，一边漫不经心地说："这批图纸做完就可以结钱了，等拿到钱，我们好好休息吧。"

又过了几天，爸爸拖着疲惫的身躯回来了。这次回来他没有再工作了，而是瘫坐在沙发上，仰着头，满脸怒气。我想爸爸一定因为工作的事在生气，就没敢打扰他。第二天，我才听妈妈说，爸爸的工作做完了，钱却拿不到。爸爸说，这工钱已经拖欠半年了。

就这样，爸爸一直闷闷不乐地持续了很久。直到春节放假，爸爸突然兴高采烈地回来了。一进门，他就从提包里取出两大摞钞票放在茶几上。我吃惊地说："啊，这么多钱，爸爸的工资结了？"爸爸点上一支烟，说："党中央、国务院下放了文件，不能拖欠农民工工资，以后再也不用天天念叨钱啦！"

爸爸笑了，我也跟着笑了。

　　拖欠农民工问题是一个大的事件，而作者通过农民工的父亲总是念叨钱这样的小事来写，反映了农民工工作的不易，而且联系社会现实，反映社会的进步与发展，将农民工的命运与国家的政策紧密联系了写来。

选材要独到

好的文章离不开选材。选择的素材要独到，只有这样才能写出好的文章。

独到选材未必要追求"新""奇""特"，完全可以从日常生活中选取，但要有典型性，并能充分地展现要表达的意思。如《少年行·其一》中通过描写饮酒这一平常的事情写游侠风采。

作家往往善于观察和感受，把那些看似平常却又真实新颖的事情作为写作素材。在他们的笔下，妈妈的一次唠叨、父亲的一次教训、自己的一次梦游……都是独到的写作素材。

我们平时也应该多观察、多感受、多积累，到写作的时候，才能选出独到的素材。

选材得当 —— 新丰美酒斗十千

如果要写古代的游侠你会想到什么？策马奔驰的雄姿、以一当十的勇武、出神入化的功夫、舍身报国的侠义……这些都是我们对游侠常见的印象。大诗人王维会怎么写呢？

少年行·其一

唐·王维

新丰美酒斗十千，咸阳游侠多少年。

相逢意气为君饮，系马高楼垂柳边。

新丰的美酒珍贵，一斗值一万钱。

在咸阳城出没的游侠大都是少年。

相互之间意气相投，一起来到酒楼上共饮美酒。

他们的骏马就拴在酒楼下的垂柳边。

游侠离奇的事情肯定有很多，但诗人却偏偏选了一件普通的共同饮酒的事情，是诗人不知道游侠快意恩仇的其他事吗？当然不是，而是因为那些游侠离奇的事情普通人很难看到，而饮酒的事却经常见。美酒配英雄，少年游侠们相互投契，开怀豪饮，正体现了他们的豪情侠气。

换个思路，当别人都在绞尽脑汁写新奇的素材时，一个常见素材却变得独到新颖。

我的老师（节选）

魏巍

每逢放假的时候，我们就更不愿离开她。我还记得，放假前我默默地站在她的身边，看她收拾东西的情景。蔡老师！我不知道你当时是不是察觉，一个孩子站在那里，对你是多么的依恋！至于暑假，对于一个喜欢他的老师的孩子来说，又是多么漫长！记得在一个夏季的夜里，席子铺在当屋，旁边燃着蚊香，我睡熟了。不知道睡了多久，也不知道是夜里的什么时候，我忽然爬起来，迷迷糊糊地往外就走。母亲喊住我：

"你要去干什么？"

"找蔡老师……"我模模糊糊地回答。

"不是放暑假了么？"

哦，我才醒了。看看那块席子，我已经走出六七尺远。母亲把我拉回来，劝说了一会，我才睡熟了。我是多么想念我的蔡老师啊！

魏巍先生在《我的老师》中通过许多件小事抒发对自己小学老师的热爱和感激之情，尤其是最后这件梦里去找老师，看似一件儿时的意外之举，却是作者精心选择的素材。在一种迷迷糊糊的状态下，下意识要去找老师，把作者对老师的依恋之情提升到了更高的境界。

班级打架案

赵立维

昨天下午的第一节课，"班级打架案"准时在教室开庭。这个案件起因是中午的时候，许子浩打翻了陆宇奇的午饭，两人发生了口角，继而升级为拳脚相向。

"大法官"陈老师一拍"惊堂木"——黑板擦，随着一阵"威武"声，"原告"陆宇奇，"被告"许子浩以及他们各自的"辩护律师"登场了。

陆宇奇的"律师"余泽言先声夺人，说："许子浩打翻了陆宇奇的午饭，是他有错在先。"

许子浩的"律师"吴静雯不甘示弱，说："可是陆宇奇不该不听辩解，冤枉许子浩是故意的，还说了不少侮辱人的话。"

余泽言马上就说："自己的午饭被打翻，当时肯定会很生气。怪只怪许子浩不但没有赶紧道歉，反而还很大声地吵了起来。"

吴静雯应声回答："被冤枉被骂了，谁都难免要动怒。而且，先动手推人的可是陆宇奇。"

余泽言立即反驳："动手推人固然不对，但那是因为许子浩说话声音太大，口中的唾沫乱飞，喷到了陆宇奇的脸上。他推开许子浩，只是想保持距离，不再被唾沫溅上而已。"

"大法官"陈老师点点头说："言之有理，被唾沫溅脸上是挺难受的。"

吴静雯有点急了，说："想保持距离，为什么不能退后一步，非要推人呢？而且推的力道可不小，差点把许子浩推倒。"

余泽言语重心长地说："许子浩差点摔倒是因为被凳子绊了一下。反倒是许子浩他仗着自己人高马大，反过来连推陆宇奇三掌，直到把陆宇奇推得摔倒在地上才罢休。有错在先的是他，伤人的也是他。"

"大法官"陈老师连连点头。双方的律师则滔滔不绝、各抒己见。

最后，陈老师宣判：许子浩有错在先，动手伤人，要向陆宇奇道歉。陆宇奇不等对方解释就出言不逊，导致事态升级，要以此为鉴。

最终，在"大法官"的调解下，"原告"和"被告"握手言和。

文章围绕两位同学打架这一事件，将纠纷的解决放在教室法庭上，用打官司的方式进行了梳理和辩解，显得非常独特。

有紧有松地写

弹奏乐曲，一气呵成，弹得流畅固然好，但如果都是一个节奏，不紧不慢地，难免让人觉得单调。写作的节奏也是如此，节奏有紧有松，才符合阅读习惯。

节奏的紧松可以通过变换描写角度来展现。如《赠李愬仆射二首·其一》中先近距离描写战场，后从观望者的角度来描写，做到了先紧后松。

作家在叙事时，往往会通过人物前后动作、环境、心理、对白等描写的变化，使节奏变得有紧有松。紧的时候，读者会跟着紧张；松的时候，读者会跟着放松。

我们在写文章时，可以学习和借鉴。

有紧有松 —— 和雪翻营一夜行

影视剧里战斗的场面一定是异常紧张的，但一直打来打去的，会让人看得很累。写作也是如此。战斗应该怎样写呢？来欣赏下面这首唐诗。

赠李愬仆射二首·其一

唐·王建

和雪翻营一夜行，神旗冻定马无声。

遥看火号连营赤，知是先锋已上城。

风雪交加的冬夜，将军一声令下，士兵们倾营而出。

战旗冻住，战马无声，将士们悄无声息地急行军，对敌人发起奇袭。

远远看去，先锋部队已经登上城楼，代表信号的火已经到处燃起。

这首诗中，诗人描写了一场战斗——风雪交加，天寒地冻，将士们乘夜急行，没有一个人抱怨，战旗被冻住，战马也无声响，一切都在紧锣密鼓地进行着。一场战斗马上就要开始了！但随即诗人笔锋一转，竟然转到远远看到先锋部队已经登上城楼，放出了信号。激烈的战斗场面没有写，是诗人不会写吗？自然不是，而是作者有意这样安排，前面的急行军节奏紧张，而后面转换角度，节奏变得舒缓下来。这样写，既体现了战斗进行的顺利和迅速，又侧面反映了将士们的斗志，同时还给读者留下了想象的空间。

先紧后松，张弛有度，可谓别具匠心。

名作欣赏

荷花淀（节选）

孙犁

后面大船来的飞快。那明明白白是鬼子！这几个青年妇女咬紧牙制止住心跳，摇橹的手并没有慌，水在两旁大声哗哗，哗哗，哗哗哗！

"往荷花淀里摇！那里水浅，大船过不去。"

她们奔着那不知道有几亩大小的荷花淀去，那一望无边际的密密层层的大荷叶，迎着阳光舒展开，就像铜墙铁壁一样。粉色荷花箭高高地挺出来，是监视白洋淀的哨兵吧！

她们向荷花淀里摇，最后，努力的一摇，小船窜进了荷花淀。几只野鸭扑楞楞飞起，尖声惊叫，掠着水面飞走了。就在她们的耳边响起一排枪声！

……

几个青年妇女划着她们的小船赶紧回家，一个个像落水鸡似的。一路走着，因过于刺激和兴奋，她们又说笑起来，坐在船头脸朝后的一个撅着嘴说：

"你看他们那个横样子，见了我们爱搭理不搭理的！"

"啊，好像我们给他们丢了什么人似的。"

她们自己也笑了，今天的事情不算光彩，可是：

"我们没枪，有枪就不往荷花淀里跑，在大淀里就和鬼子干起来！"

"我今天也算看见打仗了。打仗有什么出奇，只要你不着慌，谁还不会趴在那里放枪呀！"

"打沉了，我也会凫水捞东西，我管保比他们水式好，再深点我也不怕！"

前半段写的是抗日战争时期白洋淀的几个妇女去看望抗日的丈夫的途中遭遇日寇。作者写她们如何摇船逃跑，躲避日寇的追踪，运用了很多动作描写，叙事节奏非常紧。后半段是日寇被歼灭后，她们回家途中的描写。大家说说笑笑，而且个个"吹牛"，大量的心理描写和对白描写，将节奏变得松弛了下来。一紧一松，前后对照，充分展现了人物的精神风貌。

拔河比赛

温以凡

今天下午，学校要组织一场四年级组的拔河比赛。听到这个消息，大家都非常兴奋，摩拳擦掌，一副迫不及待的样子。

"一会儿比赛开始，你可要用点力，不能拖全班后腿。"

"你才是，你这么瘦小，还是排后面去吧。"

……

刚一来到操场大家就七嘴八舌地吵闹起来。很快，就轮到我们3班上场了，我们的对手是4班。

"砰"的一声，比赛开始了。

"加油！加油……"啦啦队的声音随即响彻整个操场。

我们班的队员抓紧绳子，用力开始往后拉。但是，我们发现对方的力道还真大，我们居然被拉得朝对方一点点靠了过去。糟了！难道我们班要输了吗？

正在这时，我们这边忽然响起一个声音："大家都不要急，听我口令，身体全都向后倒。"

听到命令，我们所有人的身体一起往后倒去，一个个脸涨得通红，前面的队员更是"怒目圆睁"，嘴里发出"啊啊"的叫声。一下子，我们就和对方僵持住了，谁也拉不动谁。

不知道僵持了多久，我们班的啦啦队开始发威，他们扯着嗓子使劲儿呐喊："3班，加油！3班，必胜！"听到这喊声，大伙儿不知道从哪里冒出来的力量，拼命往后坐，往后拉，眼看着绳子中间的红飘带渐渐地向我们这边移动。差一点，还差一点，大家一起咬紧牙关，奋力一拉。嘹亮清脆的哨子响起，比赛结束，裁判指向我们班。赢了！

我们轻松地看着接下来其他班的比赛，有说有笑有点评。

"哈哈，快看，2班要赢了啊！"

"我看他们也不怎么样，不会合作用力，换我们上，他们一定输。"

"哈哈哈……"

团结就是力量，我们这个团结的班级果然力量强大，最后获得第一名。

这篇文章的前半部分写了自己班的第一场比赛，气氛紧张。后半部分写自己班级获胜后，大家说说笑笑，节奏松弛了下来。先紧后松，不仅显得详略得当，还反映了经过第一轮的比赛，大家明白了团结就是力量的道理。

寻找事件中的闪光点

写一件事时，要学会挖掘这件事的闪光点，仔细想想要写的这件事有什么特别之处，有什么地方是让你印象最深刻的。

这个闪光点可以是一个道理，可以是一个表情，可以是一个动作，可以是一句话，它在情理之中，却又出人意料。如《回乡偶书·其一》中儿童的问话，看似漫不经心，却能引起诗人无限感慨。

作家在写作时，会通过事件中一些微妙的细节来表现人物的特征。这些微妙的细节往往会成为闪光点，让人印象深刻。

事件的闪光点 —— 笑问客从何处来

离家几十年的老人回到自己的家乡，什么情形才能引起他的感慨呢？家乡风貌的大变样，还是记忆中的一草一木？让大诗人贺知章最为感慨的情形是什么呢？

回乡偶书·其一

唐·贺知章

少小离家老大回，乡音无改鬓毛衰。

儿童相见不相识，笑问客从何处来。

唐朝诗人贺知章辞官还乡。

他年少离家，如今年迈归来。乡音虽没改，但须发已经斑白。

这位客人从哪里来的呀？

几个孩童看到他，没一个认识的。反而问他从哪儿来的。

诗人贺知章回到他阔别多年的故乡。这一路上，他一定想到过他记忆中故乡的模样，想到过离开时的依依不舍，想到过亲人的殷殷期盼。万万没想到的是，几个孩童却问他从哪里来。这一问本来是自然，但对于他来说却是重重一击——我是故乡人，却被故乡当成客人。我念念不忘的故乡是不是已经忘记了我。

几个孩童淡淡的一问，让整个故事显得既真实又富有情趣，同时也包含了诗人无限的感慨。这一问可真妙。

名作欣赏

阿Q正传（节选）

鲁迅

于是一个长衫人物拿了一张纸，并一支笔送到阿Q的面前，要将笔塞在他手里。阿Q这时很吃惊，几乎"魂飞魄散"了：因为他的手和笔相关，这回是初次。他正不知怎样拿；那人却又指着一处地方教他画押。

"我……我……不认得字。"阿Q一把抓住了笔，惶恐而且惭愧地说。

"那么，便宜你，画一个圆圈！"

阿Q要画圆圈了，那手捏着笔却只是抖。于是那人替他将纸铺在地上，阿Q伏下去，使尽了平生的力气画圆圈。他生怕被人笑话，立志要画得圆，但这可恶的笔不但很沉重，并且不听话，刚刚一抖一抖的几乎要合缝，却又向外一耸，画成瓜子模样了。

阿Q正羞愧自己画得不圆，那人却不计较，早已掣了纸笔去，许多人又将他第二次抓进栅栏门。

鲁迅先生在名作《阿Q正传》中的结尾部分描写主人公阿Q画圆圈一段是一个经典的闪光点。阿Q将要被处决了，竟然还在纠结自己的圆圈画得不够圆这样无聊的事，充分表现了他爱面子，又表现了他的麻木愚昧，死到临头还没有觉悟，简直既可笑又可悲。

车上一幕

徐久阳

那天，我坐地铁一号线去环球度假城玩。到西单站的时候，上来一位头发花白、六七十岁的老爷爷。他刚一坐下，就用不太流利的普通话问坐在旁边的一个年轻人："这趟车能到大望路吧？"那个年轻人看了看他，微微一笑，却没有开口，只是点了点头。

又过了几站，老爷爷再次向那个年轻人询问："请问一下，第几站到大望路？"谁知道年轻人还是不肯开口回答，只是用手指了指车厢上的地铁线路图。

老人起身就走到线路图前看。大约是第一次坐地铁，他看了好一会儿，然后才又坐回去，继续问那个年轻人："是不是……还有五站到？"年轻人又是微微一笑，点了点头，依旧不开口回答。

这下周围的人都看不下去了，一位坐在对面座位上的老奶奶数落道："你这个小伙子也真是，别人问个路，你连嘴都不愿意张。张张嘴能累着你吗？"

"就是，现在的年轻人哪……"另外一位中年大妈应和道。眼看着年轻人成为众矢之的，那位老爷爷赶忙解围，说不要紧，年轻人虽然没张口，但也算告诉他路了。而那位年轻人则红着脸，低着头，好像知道自己做错了事。

到了国贸站，年轻人站了起来，看了看旁边的老爷爷，冲他一笑，把自己的手机伸给老爷爷看了一会儿，然后下了车。

车里的人都很疑惑，等他下车后，都凑过来问老爷爷，年轻人给他看什么。老爷爷叹了口气，说："他用手机打了字，说下一站就是大望路，他之所以不跟我说话，是因为他有语言障碍，说不了话。"

老爷爷说完话，全车人都沉默了。

问路是一件很平常的事，年轻人不搭理老爷爷，受到众人谴责，也没有什么特别的地方。而年轻人下车前，用自己的手机打字，告诉老爷爷他不开口的原因，却是整件事的闪光点，也是整件事的高潮。

记录事件中的意外

会都懂

怎么让叙事变得生动有趣呢？有一个小妙招，就是要学会记录事件中的意外。

一件普通的小事如果只是简单的叙述，就会非常平淡。而如果这件事中有一些小意外，就会变得不一样了。如《溪居即事》中一艘漂来的小船引起了儿童的误会，瞬间就表现出无穷的妙趣。

我们平时的生活中，总会出现各种大大小小的意外。只要我们留心观察，多多记录，将这些意外应用在作文中。那么，原本平淡的一件事，就会因此变得令人印象深刻、情趣盎然了。

事件中的意外 —— 篱外谁家不系船

日常要多观察，多留意生活中的意外。怎么做呢？唐朝诗人崔道融这首小诗是个很好的示范。

溪居即事

唐·崔道融

篱外谁家不系船，春风吹入钓鱼湾。

小童疑是有村客，急向柴门去却关。

一日，诗人独自来到河边。

不知道谁家的小船没系缆绳，被春风吹着漂进了河湾。

一个小孩子看到小船，以为有客人来了。

急忙跑去把门打开，准备迎接客人。

诗人来到河边，也许是钓鱼，也许是欣赏春景。这样的日子他一定经历过太多了。忽然，一艘没有系缆绳的小船被风吹进了河湾。这是一个小意外，但意外之外还有意外，一个孩子看到小船误以为有客人到来，立刻跑去开门迎客。一下子就变得有趣了。看到这里，不论是诗人还是读者，都会被可爱的孩子逗得开怀一笑。

科利亚的木匣（节选）

左琴科

战争开始的时候，科利亚刚学数数，只会数到十。他从家门口向前走，数了十步，就用铲子挖起坑来。

坑挖好了，他把一个木匣放进坑里。木匣里盛着各种各样好玩的东西，有冰鞋、小斧头、小手锯和其他小玩意儿。他放好了木匣，盖上土，用脚踩实，还在上面撒了一层细沙，免得被人发现。

……

法西斯终于被赶走了。妈妈、奶奶带着科利亚回到了故乡。他们家的房子还在，屋里的东西却被法西斯抢走了。

……

科利亚也拿来铲子，从家门口向前走了十步，动手挖起来。他挖呀，挖呀，坑已经挖得很深了，还没找到匣子。他又朝左边挖，朝右边挖，仍然没找到。

小伙伴们围上来，都朝着科利亚笑："你的算术不管事啦！也许，法西斯把你的宝贝挖走了。"

科利亚说："不会的，敌人连我们家的大箱子都没挖走，还能找到我的小木匣吗？这里面一定有原因。"

科利亚丢下铲子，坐在台阶上，用手摸着脑门想。突然他笑起来，对小伙伴们说："我知道是怎么回事啦！木匣是我四年前埋的，那时候我还小，步子也小。我现在九岁啦，步子比那时候大了一倍，所以应该量的不是十步，而是五步。你们看，我马上会找到我的木匣子。"

科利亚量了五步，又动手挖起来，不多一会儿，他果然找到了木匣子。

这是一个木匣引发的意外事件。小科利亚在战争前在屋子前十步的地下埋了小木匣，四年后战争结束，他回来寻找木匣，可是木匣却不在了。是被敌人挖走了吗？当然不是。原来是四年前他还小，步子自然就小；四年后，他长大了，步子自然就比以前大了。四年前十步的距离也就相当于现在五步的距离了。一个小小的意外，却让这件平淡的事变得饶有趣味。

粒粒皆辛苦

范梓童

星期日，我独自一人坐公交去奶奶家。

在我前面坐着的是一个阿姨和她的孩子。小男孩手中拿着一块面包，一边吃一边听着那位阿姨读古诗。阿姨念道："锄禾日当午……"每当阿姨念完，小男孩就会用稚气的语调跟着读："锄禾日当午……"周围的乘客也不怎么在意。

阿姨又接着往下读："汗滴禾下土……"小男孩咽下一口面包，跟着读："汗滴禾下土……"就这样，阿姨读一句，小男孩子跟着读一句，终于读到了"粒粒皆辛苦"。那位阿姨笑着向小男孩解

释："'粒粒皆辛苦'的意思就是告诉我们每一粒粮食都是农民伯伯辛辛苦苦种出来的，千万不能浪费，知道了吗？"小男孩懂事地点了点头，随即就吃了一口面包。

接着阿姨要小男孩背整首诗。小男孩嘟着嘴，结结

巴巴地背："锄禾……日当午，汗……滴……"小男孩想不起来了，小眼睛望着妈妈，似乎是要妈妈提示。那位阿姨已经收起了笑容，提示道："汗滴禾下土。"小男孩跟着重复："汗滴禾下土，谁知……"谁知道，竟然又卡壳了。这一下，阿姨发火了，冲着小男孩大发雷霆，"都教几遍了，还是记不住，就知道吃吃吃！"说着，一把夺过小男孩手里的面包，丢进了垃圾桶，嘴里还说，"让你吃！"小男孩一下子吓住了，眼泪一下子涌了出来。乘客们向那位阿姨投去异样的目光。

阿姨感到气氛不对，拉住了小男孩细语轻声安慰："是妈妈不对，妈妈太着急了，等一小会儿下车妈妈再给你买一个好不好，别哭了！"

很快，阿姨在下一站下了车。我看着垃圾桶里的那块面包，脑子里回想起刚刚的诗句——粒粒皆辛苦！

一位母亲教自己的儿子背诵唐诗，这本是一件很平常的小事，但因为一个意外——母亲将孩子手里的面包丢进垃圾桶，一下子让整个事情变得不平常起来。嘴里口口声声说着"粒粒皆辛苦"，但同时又浪费着粮食，知行不一，发人深省。

学会卖关子

　　你听过评书吗？你知道评书人最讲究什么吗？告诉你，他们最讲究卖关子。一个普通的故事，卖几次关子，就能勾起听众的兴趣。写作文也要学会卖关子。

　　卖关子其实就是巧设疑问，让读者在阅读的时候产生好奇心，引起读者一探究竟的兴致，如《得乐天书》中诗人为什么一接到信就哭，这就是卖关子。

　　优秀的作家都善于卖关子，因为它能紧紧抓住读者。

卖关子 —— 远信入门先有泪

怎么通过一封书信表达深厚的友情呢？来看看唐朝诗人元稹的这首诗吧。

得乐天书

唐·元稹

远信入门先有泪，妻惊女哭问何如。

寻常不省曾如此，应是江州司马书！

这天，远方的一封来信让元稹泪流满面。

发生什么事了？

妻子吃惊，女儿也被吓哭了，赶忙问原因。

一定是白居易的来信，才会这样。

平时从未这样，一定是江州司马的来信。

这是一首与众不同的表现友情的诗，不同之处就在于它一开始就卖起了关子。诗人收到一封远方寄来的书信，立刻哭了起来。这与他平时的举动截然不同，直看得妻子惊讶，女儿害怕。读到这里，读者肯定也会和妻女一样，对诗人的举动充满疑惑。等到答案揭晓，众人才恍然大悟，原来是收到了朋友白居易的来信，只有他的来信才会让诗人举动反常。这是多么深厚的友情呀！

一 面 (节选)

阿累

　　店里空荡荡没有一个顾客，只有店后面长台子旁边有两个人用日本话在谈笑。他们说得很快，听不清说些什么。有时忽然一阵大笑，像孩子一样天真。那笑声里，仿佛带着一点"非日本"的什么东西；我向里面望了一下——阴天，暗得很，只能模糊辨出坐在南首的是一个瘦瘦的，五十上下的中国人，穿一件牙黄的长衫，嘴里咬着一枝烟嘴，跟着那火光的一亮一亮，腾起一阵一阵烟雾。

　　……

　　他的面孔是黄里带白，瘦得教人担心，好像大病新愈的人，但是精神很好，没有一点颓唐的样子。头发约莫一寸长，原是瓦片头，显然好久没剪了，却一根一根精神抖擞地直竖着。胡须很打眼，好像浓墨写的隶体"一"字。

　　……

　　什么？我很惊异地望着他：黄里带白的脸，瘦得教人担心；头上直竖着寸把长的头发；牙黄羽纱的长衫；隶体"一"字似的胡须；左手里捏着一枝黄色烟嘴，安烟的一头已经熏黑了。这时，我忽然记起哪本杂志上的一段访问记——

　　"哦！您，您就是——"

　　这篇文章是作者到书店买书遇到鲁迅先生的故事。作者并没有直接写，而是先写远远看到，接着写两人近距离交谈，最后在交谈中才惊讶地认出是鲁迅先生。通过三段外貌描写，卖了三个关子，最后才揭露出见到的人是鲁迅先生。

特别的礼盒

韩一菲

　　"叮铃铃"，随着上课铃声响起，李老师兴冲冲地走进教室。教室里，二十多双眼睛齐刷刷地投向了李老师。

　　其实，我们是看向李老师手上的一个礼盒。礼盒里装的是什么东西？

　　我好奇地打量着那个礼盒：礼盒不大，李老师单手拿着，看起来也不重。李老师不紧不慢地将礼盒放在讲台上，说："同学们猜一猜，这盒子里的是什么？"啊，还要猜呀？我心里正嘀咕着，可同学们已经叽叽喳喳地讨论开了。

　　"我觉得是月饼，因为中秋节快到了。"

　　"我觉得是一个泥人，因为昨天李老师说今天要讲写泥人的作文。"

　　……

　　李老师轻松一笑，否认了这些猜测。许多人都气馁了。这时李老师打开礼盒，从里面取出一个方方的东西，可惜被布包着。一瞬间，大家的"斗志"再次被点燃：

"巧克力！""一本书！""可能还是一个盒子！"……大家一通猜测，但还是被李老师否认了。唉，能猜的都猜了，怎么还是不对呢？

我着急地盯着那个东西，恨不得长出一双透视眼，透过那层布看到那东西的真面目。看我们都猜不对，李老师决定公布答案。随着外面的布一点点打开，里面的东西也一点点露出来。"啊，竟然是一个木牌子！"我还以为是什么了不得的东西呢。同学们也纷纷叹气表示失望。李老师拿起木牌说："这可不是一般的木牌子，这上面有我亲手刻的字——助人为乐。现在我要把它送给我们班的一个同学，大家知道要送给谁吗？"

"李乐！"大家异口同声回答。

"没错，就是李乐同学。希望大家今后也像他一样，助人为乐。"

看着李乐接到手里的木牌子，我别提多羡慕了……

在这篇作文中，小作者多次卖关子。第一次卖关子是李老师手里的礼盒。第二次卖关子是大家叽叽喳喳讨论猜测礼盒中是什么。第三次是李老师取出来东西后，大家又进行了一轮猜测。最终，作者才揭晓礼盒中东西的真面目。本文层层推进，引发阅读兴趣。

氛围营造
要到位

啥都懂

氛围营造是写作中非常重要的一环，因为它能够让读者更加深入地了解故事的情境。好的氛围能让人感受到热闹、孤独、害怕、紧张、兴奋、恐惧等。

氛围营造最关键的是准确，要抓住具有氛围代表性的细节描写。如《元日》中紧紧抓住了新年的典型素材，营造出热闹欢乐的氛围。

写作文时，我们也应该多尝试营造氛围，多练习，多揣摩。

营造氛围 —— 爆竹声中一岁除

过年了，家家户户都开始忙碌起来，怎样把过年的热闹氛围写好呢？
来看看王安石这首诗。

元 日

宋·王安石

爆竹声中一岁除，春风送暖入屠苏。

千门万户曈曈日，总把新桃换旧符。

阵阵爆竹声中，旧的一年过去了。人们喝着屠苏酒庆祝新年。初升的太阳照着
千家万户，人们忙着把旧的桃符取下，换上新的桃符。

这首诗描写的是春节辞旧迎新的景象。诗人抓住了人们过春节时的典型素
材——燃放爆竹、喝屠苏酒、换新桃符（春节时，古人在桃木板上写上神荼、
郁垒两位神灵的名字，悬挂在门旁，用来压邪，后来演变成今天的春联），营
造出喜气洋洋的氛围。

三国演义（节选）

罗贯中

关平出帐，提刀上马，领兵来迎庞德。两阵对圆，魏营一面皂旗上大书"南安庞德"四个白字。庞德青袍银铠，钢刀白马，立于阵前；背后五百军兵紧随，步卒数人肩抬木椟而出。关平大骂庞德："背主之贼！"庞德问部卒曰："此何人也？"或答曰："此关公义子关平也。"德叫曰："吾奉魏王旨，来取汝父之首！汝乃疥癞小儿，吾不杀汝！快唤汝父来！"平大怒，纵马舞刀，来取庞德。德横刀来迎。战三十合，不分胜负，两家各歇。早有人报知关公。公大怒，令廖化去攻樊城，自己亲来迎敌庞德。关平接着，言与庞德交战，不分胜负。关公随即横刀出马，大叫曰："关云长在此，庞德何不早来受死！"鼓声响处，庞德出马曰："吾奉魏王旨，特来取汝首！恐汝不信，备椟在此。汝若怕死，早下马受降！"关公大骂曰："量汝一匹夫，亦何能为！可惜我青龙刀斩汝鼠贼！"纵马舞刀，来取庞德。德轮刀来迎。二将战有百余合，精神倍长。两军各看得痴呆了。魏军恐庞德有失，急令鸣金收军。关平恐父年老，亦急鸣金。

这是《三国演义》中著名的"庞德抬棺战关羽"的段落。作者先是写了庞德的大旗上写着白色的字，他站立阵前，身后紧跟着士兵和抬着棺材的步卒，渲染出一种要与关羽决一死战的氛围。接着，又写了先与关平交手，最后才与关羽交手，又以两边的士兵看得痴呆了，渲染出二人交手的激烈。

竞选班干部

于萱

这个学期刚开学,我们班要进行班干部竞选,我报了名,竞选的是文娱委员。

我是新转学来的学生,其他同学对我并不熟悉,我想八成会竞选不上。竞选开始了,看着一位位同学上讲台演讲赢得热烈的掌声,我就有点忐忑:作为插班生的我,会赢得大家的掌声和认可吗?

离我上场越来越近,我的心跳也越来越剧烈,手掌也不断冒出汗来。又有一位同学演讲完毕,台下的同学们纷纷拍手叫好,而我则紧张得不敢向讲台上看。

不知不觉轮到我了。教室里一下子安静下来,几十双眼睛齐刷刷地朝我看来,仿佛匕首一般。我行动非常缓慢。原本很轻的脚步声,似乎变得异常沉重,一步、两步、三步……终于登上了讲台。我微微抬头向下扫了一眼,感觉台下满是期待、疑惑……

小作者通过安静的教室、全体同学的目光、自己沉重的脚步等细节营造出一种紧张的氛围。这样写突出了自己的不自信和疑虑,为后文自己赢得掌声和当选班干部起到了铺垫的作用。

我的嘴巴一下子开始抖动起来，只低低地说："我曾经在全市作文大赛中获得二等奖！"刚一出口，同学们像被指挥了一样，脸上同时露出惊讶的表情。我用手摸了摸脑袋，接着又说："我还主持过很多文体活动，还在以前学校的二胡比赛中获得过第一名。"说完，我迅速下了讲台，飞快地跑回座位。顿时，教室里响起雷鸣般的掌声。我的脸一下子红了起来，心想：还有希望，有希望！

第二天，我看到新一届的班干部名单写在黑板上。正想找找看有没有我，许多同学就围了上来，恭喜我当选文娱委员。我的脸又一次红了起来。

记录心情的变化

在写自己经历的一件事时，怎样才能让读者感同身受，身临其境呢？有一个妙招，就是写事的时候，加入自己心情的变化。

心情的记录不仅要准确，还要随着事情的变化而变化。如《渡汉江》中随着诗人离家乡越来越近，心情也由渴望回到家乡，到担忧回到家乡，再到害怕回到家乡进行变化。

作家在叙述事件时往往会加入心情的变化，这样会让读者感同身受。

记录心情变化 —— 近乡情更怯

远在外地的你终于可以回到家乡了，随着离家乡越来越近，你是不是越来越兴奋？可诗人宋之问却越来越害怕，为什么呢？

渡汉江

唐·宋之问

岭外音书断，经冬复历春。

近乡情更怯，不敢问来人。

岭南偏远，好久没收到家书了。

熬过了一个冬天和春天，他要回家去了。

离家越近，他反而越担忧，甚至害怕起来。

他不敢向家乡来的人打听家里的消息。

远离家乡当然会想家，想家就会回家，那离家越来越近，心情应该更激动、更急切，碰到了家乡的人应该急着打听才对，为什么会害怕得不敢打听呢？

这正是这首诗精妙的地方。诗人担心家人的状况，怕听到不好的消息。所以，离家越近他越担忧。诗人心情的变化完全合乎常情，同时也在随着事件的变化而发生变化。

我的战友邱少云（节选）

李元兴

　　这个时候，邱少云如果迅速从火堆里跳出来，就地打几个滚，身上的火是可以扑灭的。我们卧在他附近的任何一个人，如果跳过去把他拉出来，扯掉他着火的棉衣，也能救出自己的战友。但是这样一来，我们就会被山头上敌人的哨兵发觉，那么不仅是我们这一个班要牺牲在这里，也不仅是埋伏在我们身后的整个潜伏部队要受到重大损失，更严重的是我们准备了好久的这次作战计划要完全落空。

　　我的心紧缩着，我担心这个年轻的战士会实在忍耐不住突然跳起来，或者突然叫出声来。我几次回过头来，不敢朝他那儿看，不忍看着我的战友被活活烧死，但是我又忍不住不看。我心里像刀绞一般，眼泪模糊了我的眼睛。

　　烈火在我的战友邱少云身上烧了半个多钟头才渐渐熄灭。这个伟大的战士，像千斤巨石，伏在那儿纹丝不动，直到牺牲前的最后一息，都没发出哪怕是极轻微的一声呻吟。

　　黄昏时，我们勇猛地冲上了敌人的阵地。在 391 高地上沸腾着激动人心的口号："为邱少云同志报仇！"

　　在这篇文章中，作者的心情跟着事情的发展不断变化。先是担心邱少云会忍不住破坏行动，然后又不忍心看到战友被活活烧死，接着又期盼奇迹突然出现，最后又怀着满腔怒火冲锋替战友报仇，将自己的心情和事件的变化相结合，让读者感同身受。

套圈，圈套

马铭辰

放学了，我刚一走出校门就被门前一大群人吸引住了。我好奇地挤了进去，哦！原来是在套圈。只见地上摆满了各种各样的物品，储蓄罐、洋娃娃、挂饰……其中最吸引我的是一架遥控飞机。

"10元钱15个圈，套中什么就给什么，快来试试啦！"听着摊主的吆喝，许多围观的同学纷纷掏出钱来换套圈。只见套圈一个又一个地丢出，但很少套中物品，只有几个圈套中了最近的一些小玩意儿。我看得心痒痒，心想：这么近的距离，还套不中，这水平也太差了。于是，我用妈妈给的零花钱换了15个圈，准备大显身手。

我拿出一个圈，比划了几下，然后朝着最远处的遥控飞机抛去。结果圈砸在飞机身上，弹开了。第一个圈就掌握了距离，我信心满满，接连丢出手里的圈。第四个圈飞行的轨迹非常完美，直接朝着飞机落了下去。

我满怀期待地看着，结果还是差了一些。我没有灰心，接着套。到

第九个圈时，我采用了滚动的方式丢出。圈一路朝飞机滚去，我的心一下子提到了嗓子眼儿。圈果然在飞机边停了下来，倒了下去。"中啦！"我兴奋地喊出声，可圈只是压在了飞机上。我又丢出了剩下的圈，结果什么都没套中，心里别提多懊恼了，哎！

我很不甘心，就留下来多观察了一会儿。渐渐地，我发现我中计了，那些圈的直径与大多数物品的大小几乎一样大，想套中几乎是不可能的。这么大的人，居然用这种伎俩来骗我们，我心里的气不打一处来。

想到这儿，我勇敢地站了出来，揭发了这个套圈的圈套。看着围观的同学渐渐地离开，不再上当受骗，我又开心了。

小作者讲述自己套圈的故事，被套圈吸引、看别人套圈、自己尝试套圈、发现骗局、揭露骗局……随着事情的不断发展，作者的心情也不断变化，令读者也感同身受。

图书在版编目（CIP）数据

跟着古诗学写作 : 全 6 册 / 陈英著 ; 知舟绘 . ——
北京 : 北京理工大学出版社 , 2024.7
　ISBN 978 - 7 - 5763 - 3717 - 4

　Ⅰ . ①跟… Ⅱ . ①陈… ②知… Ⅲ . ①作文课 – 小学
– 教学参考资料 Ⅳ . ① G624.243

中国国家版本馆 CIP 数据核字 (2024) 第 059642 号

责任编辑：申玉琴　　　文案编辑：申玉琴
责任校对：刘亚男　　　责任印制：施胜娟

出版发行 / 北京理工大学出版社有限责任公司
社　　址 / 北京市丰台区四合庄路 6 号
邮　　编 / 100070
电　　话 / （010）68944451（大众售后服务热线）
　　　　　（010）68912824（大众售后服务热线）
网　　址 / http : //www.bitpress.com.cn

版 印 次 / 2024 年 7 月第 1 版第 1 次印刷
印　　刷 / 北京地大彩印有限公司
开　　本 / 710 mm × 1000 mm　1/16
印　　张 / 28
字　　数 / 443 千字
定　　价 / 210.00 元（全 6 册）

跟着古诗学写作

技巧技法

陈英◎著　　知舟◎绘

北京理工大学出版社
BEIJING INSTITUTE OF TECHNOLOGY PRESS

作者

陈 英

　　高级教师，40 年语文"老"教师，曾获得教学成果一等奖，曾担任作文、朗诵、语综等诸多竞赛评委。

　　陈老师喜欢孩子，痴迷于文学，在陈老师眼里，一诗一句都是五千年中华流淌下来的文明。40 年积累的上千节语文课堂实践、写作要点、古诗常识，在陈老师的笔下，抽丝剥茧，去糟取精，浓缩成这套有趣有料的《跟着古诗学写作》，奉献给孩子。

知 舟

　　原创作者，12 年主编主笔。

　　曾创作多部畅销图书，过往成绩不一一赘述。

　　曾获得 2018 年国家出版基金（少儿类）、2018 年"原动力"中国原创动漫出版扶持计划、2019 年自然资源优秀科普图书等奖项。

目录

要夸先贬

　　你有没有先被人说了一堆缺点、错误,然后又被夸赞的经历?这个时候是不是比直接夸还要受用?

　　要夸先贬在写作中叫欲扬先抑。扬,就是褒扬,拔高;抑,就是贬低,按下。简单理解,扬就是说好的一面,抑则是说平常甚至不好的一面。

　　要说好,就先说不好,可以造成鲜明对比,让好的一面更加突出。如果要夸一个人胸怀抱负,不直接夸,而是先写他年迈。年老而又胸怀壮志,不是更令人敬佩吗?

　　作家写人物的高尚,往往会先写人物的平凡、普通、不起眼的一面,这样既可以使情节变得有波澜,又可以让人对人物优秀的一面印象深刻。

　　在写人物作文时,我们不妨多学习使用这个方法。

欲扬先抑 —— 犹可帝王师

如果要称赞一个老人，你会怎么写？是写他的和蔼可亲，还是慈祥温暖？这些太普通了，下面来看看李白这首诗是怎么称赞一个老人的。

赠钱征君少阳

唐·李白

白玉一杯酒，绿杨三月时。春风余几日，两鬓各成丝。

秉烛唯须饮，投竿也未迟。如逢渭川猎，犹可帝王师。

绿柳飘扬的三月，举起白玉杯痛饮美酒。

春风还能吹几天，但你我双鬓已斑白。

虽然饮酒避世，但像当年姜太公一样投竿垂钓也不晚。

如果也能有周文王那样的人，你也可以成为帝王的老师。

这首诗中，诗人李白是要称赞钱少阳的，但诗人并不直接称赞，反而先写钱少阳双鬓斑白，垂垂老矣，并且隐居在山中寻求闲适的生活。这就是"抑"。接着诗人话锋一转，虽然人老了，隐居了，但也想着像当年的姜太公钓鱼一样，遇到周文王那样的明君，建功立业，做出一番事业。这是"扬"。这样一来，一个隐居在山中、年逾古稀，依然胸怀壮志、渴望建功立业的老者形象就鲜明地呈现了出来。

名作欣赏

雷锋之歌（节选）

贺敬之

你只有

一百五十四厘米

身高，

二十二岁的

年龄……

但是，在你军衣的

五个纽扣后面

却有：

七大洲的风雨

亿万人的斗争

——在胸中包含！

身高偏矮、年龄偏小，这是非常普通、不起眼的战士。但就是在这个矮小的年轻战士的胸中却有"七大洲的风雨，亿万人的斗争"。作者写雷锋不起眼的相貌，正是为了更好地表现雷锋广阔的胸怀。这正是欲扬先抑典型的运用。

木棉树

黄思慧

要说我最讨厌的树，就是我房间外面的那棵木棉树。从我们一家搬到这里，它就长在我的窗户外面。它长得很粗糙，比那些柳树、榕树差远了。更可气的是，因为它让我的房间变得有些昏暗，还阻碍了我眺望窗外的视线。每次朝窗外望，它都会先进入我的眼帘，真是讨厌。

听说小区里的工人准备挖掉一些树木，要换一些新的树种。太好了，这下有机会弄走木棉树了。我向工人叔叔提出了请求，但工人叔叔笑着回绝了，因为那棵木棉树不在更换树木的名单上。它还要继续长在我的窗外，真是碍眼呀！

有一天，我心情很不好，不经意间朝窗外看，忽然发现原本丑丑的木棉树似乎和平常有些不一样。我凑近了仔细看，呀，这棵讨厌的木棉树不知道什么时候开出了黄豆般大小的花苞。一瞬间，我的心情变得舒服了很多。接下来的几天，那些花苞越长越大，越来越好看，像一串串红色的风铃摇曳在风中，仿佛在演奏一首美妙的曲子。

木棉树越来越好看了，我也越来越喜欢它。繁茂的绿叶挤在窗外，我也不觉得遮挡房间的光线，反而为我遮挡了炎炎的烈日。晨风吹起，木棉花的暗香，飘进房间里，沁人心脾。它站在我的窗外，似乎变成了一位守护我的美丽的朋友。

　　我不禁要向它道歉。它的美，藏在不轻易被发现的地方，虽然平时粗糙、丑陋，可一旦展现出来，就让人感到惊艳。

　　小作者在一开始表示了对木棉树的讨厌，看似贬低，实际上只是为了下文做铺垫。通过一次偶然发现木棉树开花，作者看到了它的美，把对它的讨厌变成赞美。这就是欲扬先抑。

要贬先夸

有"要夸先贬"，就有"要贬先夸"。

要贬先夸在写作中叫作欲抑先扬，就是要批评、贬斥什么东西，先说其"好处"。所谓"被捧得越高就摔得越重"，先抬高、称赞，会让批评、指责更有力量。

欲抑先扬可以在讽刺人物时使用，如《贾生》中先称赞汉文帝求贤，后讽刺其不知贤。也可以在批评时事时使用，如《前出塞》中先称赞士兵智勇双全、对敌有方，后批评朝廷穷兵黩武。

作家在讽刺、批评某个人、某些事时往往会先夸后贬，尤其是在寓言故事中最常见。

欲抑先扬写人 —— 可怜夜半虚前席

讽刺一个人时，用欲抑先扬的手法力道很足。一起来看看李商隐的这首诗。

贾 生

唐·李商隐

宣室求贤访逐臣，贾生才调更无伦。

可怜夜半虚前席，不问苍生问鬼神。

汉文帝为了求贤，在宫殿里召见被放逐的人。

这些人中贾谊才华横溢，超群绝伦。

汉文帝和他聊到半夜。

可惜，不问国计民生，只问关于鬼神的事。

这首诗开头写汉文帝求贤若渴，遇到了贾谊这样的才俊很是欣喜，和他一直聊到半夜，还凑到贾谊跟前坐着聊。看到这里，明明就是一个礼贤下士的明君形象嘛。但聊了这么久聊些什么？竟然不是国家社稷，而是关于鬼神的事。一下子，从一个明君形象变成了热衷神鬼的昏庸之辈。这就是欲抑先扬，扬得越高，抑得越重。

不过，汉文帝是一位勤俭节约，开创"文景之治"的好皇帝。诗人这首诗是借汉文帝和贾谊这件事，讽刺晚唐的统治者不能真正重视人才，只求长生不老的昏聩。

欲抑先扬写时事 —— 岂在多杀伤

点评一些时事、社会现象，或者评论某个道理时，欲抑先扬是常用的手法。一起来看看杜甫的这首诗。

前出塞·其六

唐·杜甫

挽弓当挽强，用箭当用长。射人先射马，擒贼先擒王。

杀人亦有限，列国自有疆。苟能制侵陵，岂在多杀伤。

拉弓要拉强弓，射箭要射长箭。射敌要先射敌人的马，擒贼要先擒住贼人的首领。

杀人要有限度，每个国家都有自己的疆域。能制止敌人的侵犯就可以了，何必多杀人呢？

这首诗的前四句描写士兵在战争中作战的步骤，军队士气高昂、对敌有方。但后四句诗人话锋一转，认为打仗的目的是制止敌人的侵略，不能多杀伤性命。一扬一抑，体现了诗人对战争的看法：应该节制用兵，避免过度杀伐。

蚊子和狮子

《伊索寓言》

蚊子飞到狮子面前，对他说："我不怕你，你并不比我强。若说不是这样，你到底有什么力量呢？是用爪子抓，牙齿咬吗？女人同男人打架，也会这么干。我比你强得多。你要是愿意，我们来较量较量吧！"蚊子吹着喇叭冲过去，专咬狮子鼻子周围没有毛的地方。狮子气得用爪子把自己的脸都抓破了。蚊子战胜了狮子，又吹起喇叭，唱着凯歌飞走，却被蜘蛛网粘住了。蚊子将要被吃掉时，叹息说，自己同最强大的动物都较量过，不料却被这小小的蜘蛛消灭了。

这篇寓言采用了欲抑先扬的手法。先写小小的蚊子打败了强大的狮子，这是扬。然后，得意的蚊子忘乎所以，结果被小小的蜘蛛消灭，这是抑。整篇寓言的重心在后面的抑，但先用扬而后抑，达到了更好的讽刺效果。

第二次龟兔赛跑

韩天

自从乌龟赢了上次的龟兔赛跑，一下子成了大名人。许多地方请它去演讲，讲述自己获胜的秘诀。很多企业来找它拍广告，一打开电视，里面都是乌龟的广告。动物王国的著名导演也来找它，请它出演了许多电影、电视剧。于是，乌龟一下子就成了明星，大街小巷都在谈论它。随之而来的是像潮水般涌来的财富，它搬离了破旧的小屋，住进了豪宅，成为成功的上流人物。每天来采访它的媒体络绎不绝，它也不遗余力地在媒体前宣传自己的品质——做任何事一定要坚持，不能半途而废。

与乌龟比赛的那只兔子恨得咬牙切齿："这一切本来该属于我的。"眼红的兔子咽不下这口气，再一次向乌龟下了挑战书，要再比一次。乌龟爽快地答应了。

第二次比赛的日子到了，赛场挤满了动物，电视台对这场比赛进行现场直播。动物王国的动物都守在电视机前，期待着这场比赛。随着发令枪响，兔子像离弦的箭般冲了出去，而乌龟依旧慢腾腾地出发，动物们都为乌龟捏了一把汗。

动物们相互讨论着，都觉得这次乌龟恐怕很难再赢兔子了。结果，兔子跑到一半距离后晕倒了，乌龟再一次赢得胜利。整个动物王国再次沸腾起来，乌龟的声望达到了顶点。

不久后，大家发现原本生活困难的兔子，突然也过上了花天酒地的生活。媒体不断地探访，终于发现：原来兔子这次比赛会输掉，是因为它收了乌龟的钱，故意装作体力不支。

很快，消息就传开了，乌龟的声望一下子掉到谷底，到处都是声讨它的声音。最后，乌龟被动物警察带走了。

这篇故事讲了乌龟名利双收后，迷失了自己，运用非法的手段获得胜利。小作者采用了先扬后抑的手法，先写了乌龟的风光，接着写了第二次比赛乌龟用钱财贿赂兔子的卑鄙手段，最后被警察逮捕。

以少胜多
以小见大

什都懂

　　写作可以通过个性的事物表现众多事物（以少胜多），也可以通过具有特点的一小部分表现出整体，还可以通过一件小事折射出一个大道理（以小见大）。

　　以少胜多，虽然写得"少"，但具有代表性，能够集中反映"多"的特征。如《游园不值》中的"红杏"集中了"满园春色"。

　　以小见大，虽然写得"小"，但具有典型性，能够突出主题，挖掘"小"中的"大"。如《杂诗三首》中"寒梅"蕴含了对故乡亲人的思念。

　　在绘画作品中，往往会用母亲的手来表达母亲的辛苦，父亲的脸来表达父亲的沧桑。但是就是这样的一只手和一张脸的轮廓，让许多参观者感同身受、饱含热泪。

　　我们在这一点上，要向诗人和艺术家学习。

以少胜多 —— 一枝红杏出墙来

描写春天的景色你会想到什么？春风、小溪、草地、花朵、鸟儿、蝴蝶……下面我们看看古诗是怎么写的。

游园不值

宋·叶绍翁

应怜屐齿印苍苔，小扣柴扉久不开。
春色满园关不住，一枝红杏出墙来。

春日，叶绍翁来到一座小花园外，想进去欣赏一番花园的春色，可敲了很久门都没有开。

正在他扫兴即将离开时，一抬头，忽然发现一枝粉红色的杏花从墙头上伸了出来。

春天的景色有很多，但诗人几乎都没写，是他没有看到吗？当然不是，而是因为这些春色，红的花，绿的草，飞舞的蜂蝶……缤纷满目，怎么才能抓住重点呢？诗人立意巧妙，从探出墙头的红杏一下就找到了突破口。先不说杏花的醒目和娇艳，既然杏花能够"出墙来"，就足够说明"春色满园""关"也"关"不住了。这种春满人间的情景，就在一枝杏花上体现出来。

这么一来，所有的春色似乎都集中在了这小小一枝红杏上，这不比写一大堆春景都要让人印象深刻吗？

以小见大 —— 寒梅著花未

常年在外的你碰到老家来的人，你会问些什么？亲人怎么样？同学朋友如何？家乡有哪些变化？而大诗人王维是这样问的——

杂诗三首·其二

唐·王维

君自故乡来，应知故乡事。

来日绮窗前，寒梅著花未？

诗人王维离家在外多年，有一次，他遇到了从家乡来的人。

王维关心的事有很多，尤其是他的妻子。但他偏偏只问老家那株寒梅开花了没有。

这首诗中，王维对于家中的亲人朋友以及重要的事情不问，却偏偏关心寒梅开没开花这种鸡毛蒜皮的小事，是不是很不可思议？

这正是这首诗的高明之处。这株寒梅或许是陪伴他长大的，在树下做过童年的游戏，寻找过蝉蜕；或许是他与妻子一起栽种的，和妻子在树下说过很多悄悄话，是他与妻子感情的见证。诗人把对故乡、亲人的思念寄托在一株寒梅上，以小见大。寒梅年年开放，就是故乡年年无恙；寒梅年年开花，就是作者的思念在天天增加。

问一株小小的寒梅，比问东问西，问一大堆问题都要让人印象深刻，感情也更加浓烈。

五代时期，有一个叫齐己的诗僧，在下了一夜大雪的早上，发现梅花开放，就写了一首《早梅》诗，其中有两句："前村深雪里，昨夜数枝开。"他自己非常满意，就拿给郑谷去看。

郑谷看了之后，说道："数枝梅花开放，星星点点，非常分散，既不醒目，也不贴合'早梅'这个题目。不如把'数枝'改为'一枝'更贴切。"齐己听了，欣然接受，拜郑谷为师。这就是"一字师"的故事。

一枝寒梅，凌寒独自开，尽管周边还白雪皑皑，却传递了来春天的讯息。这真是"以小见大"啊。

名作欣赏

背 影 （节选）

朱自清

我看那边月台的栅栏外有几个卖东西的等着顾客。走到那边月台，须穿过铁道，须跳下去又爬上去。父亲是一个胖子，走过去自然要费事些。我本来要去的，他不肯，只好让他去。我看见他戴着黑布小帽，穿着黑布大马褂，深青布棉袍，蹒跚地走到铁道边，慢慢探身下去，尚不大难。可是他穿过铁道，要爬上那边月台，就不容易了。他用两手攀着上面，两脚再向上缩；他肥胖的身子向左微倾，显出努力的样子，这时我看见他的背影，我的泪很快地流下来了。

朱自清先生在《背影》里，通过父亲爬上月台给他买橘子这件小事，以小见大，表现出了父亲对自己的关怀和爱护。同时，作者着重刻画了父亲买橘子时的"背影"，将父亲的爱浓缩在"背影"中，起到以少胜多的妙用。这个"背影"，满载着对父亲的回忆和父爱的感动。

墙外的枫树

魏海铭

　　小区的墙外有一棵枫树，一丛枫叶伸进墙来。路过时，几片红红的枫叶落在我的脚边。我拿起一片，静静地端详。枫叶的样子像一枚残缺的五角星，又像一个手掌，也许，它是被清冷的秋风拍落的吧。瞧，又一片枫叶落了下来，我抓住它，细看起来。它像甲骨文的"山"字，叶子边缘有很多小齿，像一把被人丢弃的陈旧的锯子。

　　我抬头朝那一树的枫叶看去，那是一种独特的红。既不是张扬的鲜红色，也不是沉重的暗红色，而是一种恰到好处的朴素的深红色。脑海中忽然涌现出杜牧那两句诗："停车坐爱枫林晚，霜叶红于二月花。"二月红色的春花，展示着蓬勃生机。但在这深秋时节，树枝上一片片的枫叶像家人一样拥抱在一起，好似一团熊熊燃烧的烈火，

　　题目虽是写枫树，但作者抓住了秋天最有特点的枫叶来描写，通过小小的枫叶让读者了解枫树、了解秋天，以小见大，领悟人生哲理。

要赶走寒意。有一根枝条上，只有一片枫叶孤立树梢，像一个勇士，准备随时慷慨捐躯。

一阵寒风吹过，几片枫叶悄然下落。它们在风中跳起优美的舞蹈，作为最后的谢幕。我希望人们不要把它们清理掉，因为它们要化作春泥，滋养这棵枫树长得更加强壮。而这棵枫树，来年还会长出满树火红的枫叶。

想到这里，我将手里的那片枫叶轻轻地放下。

代称是个好技巧

写作文的时候，如果大家都写得一样，就会千篇一律，缺乏吸引力。那么如何让自己的作文与众不同呢？这确实不容易，但也不乏一些小技巧。

使用代称，就是一个小技巧。

别人都写"太阳"，而你写"金乌"，别人都写"老师"，而你写"园丁"，在用词上新颖脱俗。

如《问刘十九》中用"绿蚁"代指"新酒"，形象、别致、新颖，从此酒就有了"绿蚁"的别称。

作家在写作时，往往会巧妙使用自己创造的代称（你也可以理解成绰号），尤其是在写人物的时候，他们会用代称凝练人物的特征，这种方法突出人物形象，又富有趣味且令人印象深刻。

我们在写作时，不妨使用下这个技巧，也许会有意想不到的效果。

灵活使用代称 —— 绿蚁新醅酒

酒有很多别称，比如杜康、黄汤、杯中物等，用这些词来代称酒，会显得很别致。下面来看看大诗人白居易是怎么称呼酒的。

问刘十九

唐·白居易

绿蚁新醅酒，红泥小火炉。

晚来天欲雪，能饮一杯无?

刚酿好了淡绿的新米酒，在红泥小火炉上热着。

天色渐晚，快要下雪了。友人能不能来共饮一杯暖酒呢?

　　这首小诗是诗人邀请朋友刘十九来饮酒。你一定好奇诗开头的"绿蚁"是什么，其实，新酿的没有过滤的米酒有一些泡沫，颜色淡绿，细如蚂蚁，诗人就称其为"绿蚁"。这个称呼多么形象有趣呀。

　　诗人新酿了酒，用红泥小火炉温着，天色渐晚，将要下雪，大冷天里，与友人饮一杯热酒正当时。可以想象，刘十九接到这首诗后，一定感受到了酒的香气，会立刻前往。两人围着小火炉，痛饮美酒。

故 乡 （节选）

鲁迅

我吃了一吓，赶忙抬起头，却见一个凸颧骨，薄嘴唇，五十岁上下的女人站在我面前，两手搭在髀间，没有系裙，张着两脚，正像一个画图仪器里细脚伶仃的圆规。

我愕然了。

"不认识了么？我还抱过你咧！"

我愈加愕然了。幸而我的母亲也就进来，从旁说：

"他多年出门，统忘却了。你该记得罢，"便向着我说，"这是斜对门的杨二嫂，……开豆腐店的。"

哦，我记得了。我孩子时候，在斜对门的豆腐店里确乎终日坐着一个杨二嫂，人都叫伊"豆腐西施"。但是擦着白粉，颧骨没有这么高，嘴唇也没有这么薄，而且终日坐着，我也从没有见过这圆规式的姿势。那时人说：因为伊，这豆腐店的买卖非常好。但这大约因为年龄的关系，我却并未蒙着一毫感化，所以竟完全忘却了。然而圆规很不平，显出鄙夷的神色，仿佛嗤笑法国人不知道拿破仑，美国人不知道华盛顿似的，冷笑说：

"忘了？这真是贵人眼高……"

鲁迅先生在《故乡》这篇文章中，描写第一次见到杨二嫂时，觉得她的样子像一个圆规。在后面再写到杨二嫂时，就直接用"圆规"来代指她。这样写，不仅是因为杨二嫂的体态、姿势像圆规，也暗含了作者对这个人物的不喜欢。

猫鼠斗

柳牧元

在我们家，我是一只总想偷偷看电视的"鼠"，而妈妈就是时刻防备我偷看电视的"猫"。每一天，我们家里都在上演"猫鼠斗"。

来看看双方为了偷看电视施展的招数——

抓"鼠"第一招：检查"鼠"房间的椅子是不是发热，如果不热，说明"鼠"没有长时间看书学习。

躲"猫"第一招：用烧开的热水壶在椅子上烫一烫，"猫"回来检查发现椅子是热的，就没话可说了。

抓"鼠"第二招：椅子发热不能说明什么，要检查电视机后面是否发热。如果发热，"鼠"偷看的罪行就坐实了。

躲"猫"第二招：看电视的时候用电风扇在电视机后面吹，同时要保证看一会儿休息一下，然后再看，保证不能让电视机太热。

抓"鼠"第三招：查看客厅的沙发有没有留下痕迹，如果长时期坐过或者躺过，沙发就会显得凌乱。

　　躲"猫"第三招：在"猫"下班回家前，一定要把沙发收拾得整整齐齐，铺得平平整整，保证不露出蛛丝马迹。

　　抓"鼠"第四招：将遥控器放在一个特定的位置，并记住摆放的姿势。如果遥控器位置和姿势与之前对不上，"鼠"就难逃一劫。

　　躲"猫"第四招：使用遥控器前用手机拍照，看完电视机后，将遥控器按照照片的位置和姿势复原，绝不露出马脚。

　　"猫"和"鼠"相斗的招数层出不穷，"你有张良计，我有过墙梯"。不过，最后还是"猫"技高一筹，她居然想出了将遥控器电池抠掉、记录用电数量等手段。

　　"鼠"再怎么折腾都无济于事。哎，"鼠"什么时候才能逃脱"猫"的魔爪，能痛痛快快地看电视呀！

　　小作者以独特的方式写了本文，给人耳目一新的感觉，同时，作者用"鼠"代称自己，用"猫"代称妈妈，大大增强了读者的阅读兴趣。

比喻就要
有个性

啥都懂

比喻，是我们写作时经常用到的修辞手法。如果要想作文写得出彩，就要学会恰当运用比喻，当然还要不人云亦云。

你写作文时，是不是喜欢用下面这样的比喻句？

她的脸红得像个苹果。

天上下起了鹅毛般的大雪。

弯弯的月亮，像一艘小船挂在夜空。

……

你用这样的比喻句，别人会觉得你写得没有特色。

为什么呢？

因为有太多人这样写了，别人看了当然就没有感觉了。

怎么办呢？

通常我们运用比喻只抓住事物的外形特征，这样难免落入俗套，我们不妨观察事物所处的不同时间和空间，再进行想象比喻。如《马诗》中把夜月下的沙漠比喻成"雪"，《望洞庭》将洞庭湖里的山比喻成"青螺"。

从时间上寻找不同 —— 大漠沙如雪

提起大漠，你会怎么比喻？漫漫黄沙，广阔无垠，你多半会想到"黄色的大海"。但是换一个时间，就会有不同的感受，来看看李贺这首名诗是如何比喻大漠的。

马 诗

唐·李贺

大漠沙如雪，燕山月似钩。

何当金络脑，快走踏清秋。

万里大漠在月光下就像铺了一层白雪。燕山上的月亮像钩子一样挂着。

骏马何时才能戴上金笼头，冲锋陷阵飞驰在秋天的战场上？

平时我们看到的大漠都是黄沙满地，但诗人此处将大漠比喻成了雪。这是因为在秋夜清冷的弯月照射下，沙子看起来是清白色的。诗人将茫茫大漠比喻成了皑皑白雪，这是在特定时间下的比喻，如果换成大白天把大漠比喻成雪就不恰当了。

诗人描写的是一幅边疆战场的景色，虽然写马希望戴上金笼头驰骋，其实是借马抒发自己怀才不遇，渴望得到赏识，能够施展抱负、建功立业。

从空间上寻找不同 —— 白银盘里一青螺

我们经常把拔地而起的山比喻成士兵，缥缈的山比喻成仙女，连绵的山比喻成巨龙……但此处诗人刘禹锡的比喻另辟蹊径。

望洞庭

唐·刘禹锡

湖光秋月两相和，潭面无风镜未磨。

遥望洞庭山水翠，白银盘里一青螺。

洞庭湖的湖光和月光相融合，平静的湖面像未打磨的铜镜。远远望去山水苍翠，湖中的君山就像白银盘里的一枚青螺。

这首诗描写了秋夜月光下洞庭湖的美景。诗人用了一连串的比喻，先把湖面比喻成铜镜，又把湖面比喻成白银盘，最后把湖中的岛比喻成青螺。也许诗人经常看到湖里的青螺，也许诗人刚刚享用了一盘青螺美食。他将小岛比喻成小小的青螺，实在太巧妙了。

不过，如果诗人在山脚下，或者在山中，还能做出这样的比喻吗？大概不能，只有远远地望过去，看到洞庭湖的全貌，才会做出这样的比喻。

朱元璋续诗

明朝初期，有一次明太祖乔装出游，在长江燕子矶碰到一群赴京赶考的举子在吟诗作乐。其中一个举子看偌大的燕子矶矗立在江畔，就脱口而出："燕子矶兮一秤砣。"大家都夸他起句气势磅礴，但又议论："秤砣都这么大了，那秤杆和秤钩是什么呢？这么大秤又能称什么呢？"一时间无人能续句。朱元璋说："我来试试。"于是他念道："燕子矶兮一秤砣，长虹作杆又如何。天边弯月是钓钩，称我江山有几多。"众人听了目瞪口呆。

朱元璋这首诗把燕子矶比喻成秤砣，天上的长虹比喻成秤杆，弯月比喻成秤钩。这么大的秤用来称量江山。真是妙极了。

趵突泉的欣赏（节选）

老舍

池边还有小泉呢：有的像大鱼吐水，极轻快地上来一串小泡；有的像一串明珠，走到中途又歪下去，真像一串珍珠在水里斜放着；有的半天才上来一个泡，大，扁一点，慢慢地，有姿态地，摇动上来；碎了；看，又来了一个！有的好几串小碎珠一齐挤上来，像一朵攒整齐的珠花，雪白。有的……这比那大泉还更有味。

老舍先生描写趵突泉里的小泉用了一连串的比喻，用大鱼吐水、珍珠、珠花……把姿态不一样的小泉形象生动地展现出来。

爱如辣椒

郑以豪

妈妈的爱是火辣辣的，就像那红艳艳的辣椒一样辣。

早上我赖在床上不想起，妈妈就风风火火地推门进来，一把拉开窗帘喊着："赶快起床，不然上学要迟到了。"好不容易从床上爬起来，洗漱吃饭一顿忙活。我一看表，呀，还有不到半小时就要上课了。我背起书包往外跑，妈妈一把抓住我："你急匆匆地跑出去，路上出事怎么办？等一下，我去送你。"我虽然心里着急，也只好乖乖等着。

我感冒了，那些美味的饭菜根本吸引不了我，所以只吃了一点点就不想吃了。这时，妈妈把我强行按在餐桌上，命令说："如果你想感冒快点好，就多吃点饭！不想吃，也要硬吃！"我只好强忍着难受，一口一口地吃掉一碗稀饭。

当我要和同学们出去郊游的时候，妈妈就会给我包里塞很多东西，什么创可贴啦，防蚊剂啦，尤其会给我装几瓶矿泉水。矿泉水真的很重，我刚想掏出来，妈妈立刻训斥我："水一定要带上，出去玩一定要记得多喝水，知道吗？"我无可奈何，只好背着沉甸甸的背包出门。

每当我做作业偷懒的时候，妈妈就会突然出现，板着脸说："是不是想偷懒了，妈妈坐这儿看你做作业。"我偷懒的念头一下子就会消散。

我的妈妈强硬得让人害怕。可是，我每天能准时到达学校，生病很快就会康复，口渴时总会从包里摸出水，考试成绩名列前茅……这时候，我又会打心里感谢妈妈。

这就是我的妈妈，她对我的爱，就像辣椒一样，直接而热烈。

将妈妈的爱比喻成辣椒，这样的比喻非常新鲜。整篇文章围绕这个比喻来写，写出了母亲"热辣"的爱。

夸张就要印象深

啥都懂

你平时是不是经常听到这样的话——

这个橘子酸得掉牙。

他饿得能马上吃下一头牛。

这巴掌大的一块地方怎么踢球呢？

这是运用了夸张。夸张能让我们对所描述事物的特征产生更丰富的联想，感染力更强。

夸张可以扩大，就是故意把事物往大的方向说。如《夜宿山寺》中的高楼高到可以站在上面摘到天上的星星。

夸张也可以缩小，就是把事物往小的方向说。如《答王十二寒夜独酌有怀》中万字的著作不如一杯水。

作家在描述事物时常常会借助夸张表达对事物的情感和态度，增强语言感染力，使文章更具可读性。

这么有用的技巧，我们快快学起来。

夸张（扩大）——危楼高百尺

如果要写楼的高你会怎么形容？高，很高，非常高，高耸入云……这些很常见，没有新意，看看诗仙李白是怎么形容的。

夜宿山寺

唐·李白

危楼高百尺，手可摘星辰。

不敢高声语，恐惊天上人。

山上的高楼有百尺，站在楼上可以摘下星星，我不敢大声说话，怕惊动天上的神仙。

这首诗描写了一座高楼、这座楼怎么个高法呢？诗人用了短短四句。先写楼高百尺。这是常用的形容法，就好比高楼万丈一般。接着，说站在上面可以摘天上的星星。可以伸手摘星星，这得多高。可诗人还是觉得不够，就又说，站在上面都不敢大声说话，因为害怕惊到天上的神仙。这楼和天上的神仙离得这么近，你想得有多高呀！

夸张（缩小）——万言不直一杯水

夸张（缩小）还可以用在描写事物的作用程度上，看下面这首诗感受一下。

答王十二寒夜独酌有怀（节选）

唐·李白

吟诗作赋北窗里，万言不直一杯水。

世人闻此皆掉头，有如东风射马耳。

你在北窗里吟诗作赋，就算著万言也不如一杯水顶用。现在的人听到诗赋扭头就走，就像马耳边吹过阵风。

洋洋洒洒著作万言，真的还不如普普通通一杯水吗？当然不是，李白运用了夸张的修辞。

王十二是李白的朋友，他曾经写了一首诗送给李白。李白就还了他一首答诗。那李白这样说，不是在贬低朋友吗？当然不是，这其实是李白替朋友鸣不平。自己的朋友辛苦读书，即使写下千言万语也不被人重视，揭露了当时权贵当道，对正直读书人的排斥和打击。

骆驼祥子（节选）

老舍

　　六月十五那天，天热得发了狂。太阳刚一出来，地上已经像下了火。一些似云非云似雾非雾的灰气低低地浮在空中，使人觉得憋气。一点风也没有。祥子在院子里看了看那灰红的天，喝了瓢凉水就走出去。

　　街上的柳树像病了似的，叶子挂着层灰土在枝上打着卷；枝条一动也懒得动，无精打采地低垂着。马路上一个水点也没有，干巴巴地发着白光。便道上尘土飞起多高，跟天上的灰气联接起来，结成一片毒恶的灰沙阵，烫着行人的脸。处处干燥，处处烫手，处处憋闷，整个老城像烧透了的砖窑，使人喘不过气来……

　　在这一段文字中老舍先生描写了天气的热。"热得发了狂"一个"狂"字已经让人感觉到了天热，但作者觉得还不够形象，力度不足，于是就用"太阳刚一出来，地上就已经下了火"，这该有多热呀！

我的"口水弟"

蒋一涵

　　"口水弟"，我的表弟是也。他今年3周岁，长得圆圆胖胖的，与"国宝"大熊猫有几分相似。唯一不同的是，大熊猫不流口水，而弟弟嘴边的口水则是长流不断。

　　每个周末，他就会来我家做客，然后表演他流口水的绝技。好客的妈妈呢，也总是想尽办法，做出各种美味的饭菜来招待他。我怀疑他那个圆滚滚的肚子里装满了口水，简直就是一个"大水娃"。

　　这个周末，"口水弟"又来做客了。美味佳肴一上桌，他的眼睛就盯着鳜鱼、牛肉、鸡蛋……嘴巴张得能塞下一个鸭蛋，一条长长的口水立刻如庐山瀑布，垂了下来，真是"飞流直下三千尺，疑似'口水'落九天"。不好，口水马上就要滴到碗里了，眼疾手

快的我立刻抽出餐巾纸帮他擦了一番，这才避免了一场"灾难"的降临。

吃完饭，他死缠烂打地钻进我的房间，让我给他讲童话故事。哎，没办法，我只好拿出我的童话书，选了一篇《卖火柴的小女孩》讲给他听。不料，灾难还是发生了。当我讲到小女孩擦亮火柴，看到烤熟的火鸡一摇一摆走向她时，"口水弟"的口水居然又开始发威了。我还没来得及反应，口水就冲上了我的童话书。我赶紧把他抱了出去，这么下去，我的房间就要被口水淹没啦！

这就是我家的"口水弟"，不知道他的口水有没有流完的一天。

小作者描写了一个流口水的表弟，文中多次使用夸张的手法，比如"肚子里装满了口水""疑似'口水'落九天"等，通过这些夸张的手法展现表弟口水的"威力"，让人不禁感叹，"口水弟"的口水，真是厉害！

把事物
当成人写

啥都懂

　　怎样能把事物描写得生动活泼，表现得可爱可憎呢？不妨试试把事物当成人来写，这就是拟人。

　　拟人可以把所写的事物赋予人的动作，让它变得鲜活。如《七步诗》中豆子会哭泣。

　　拟人也可以把所写的事物赋予人的情感，借事物来表达情感。如《凉州词》中羌笛会埋怨。

　　作家也常常会用到拟人，他们会用"太阳公公红了脸"来形容"红日初升"，用"月亮害羞地躲在乌云后"来形容"乌云遮月"，把它们当成人来写，一下子就会使文章增色很多。

　　我们平日写作时要用心体会、多多练习，掌握拟人这种手法。

拟人（赋予动作）——煮豆燃豆萁

烧豆秆煮豆子，豆子却在锅里哭。它为什么哭呢？听听诗人曹植怎么说。

七步诗

魏·曹植

煮豆燃豆萁，豆在釜中泣。

本是同根生，相煎何太急？

煮豆子，烧豆秆，豆子在锅里哭。　　豆子和豆秆本是从同一条根长出来的，为什么要相互煎熬迫害得这么狠呢？

　　曹植和曹丕是曹操的两个儿子，曹操去世后，曹丕继位。他对曾经和自己争过位的曹植耿耿于怀。据说，曹丕让曹植在七步之内作一首诗，作不成就杀掉曹植。于是，曹植就在七步之内作了这首千古名诗。

　　曹植用豆子和豆秆比作他们兄弟。这里就是把豆子拟人。豆子哭诉本来是同根生的，豆秆为什么要煎煮自己，这其实是曹植对哥哥残害同胞的控诉。

拟人（赋予情感）——羌笛何须怨杨柳

羌笛是唐朝时边塞的一种乐器，吹奏起来带有悲凉之感，它在怨恨什么呢？听听唐朝诗人王之涣的解答。

凉州词

唐·王之涣

黄河远上白云间，一片孤城万仞山。

羌笛何须怨杨柳，春风不度玉门关。

远远望去，黄河奔腾着冲向天际。高山中，玉门关孤零零地立那里。

何必用羌笛吹奏杨柳曲呢？春风从来不曾到过玉门关。

羌笛是一种乐器，它有情感吗？它会怨恨吗？当然不会。这里是将羌笛拟人化，赋予了它人的情感。同时，它又代表着边疆的将士。

羌笛声怨恨春光久久不至，那将士们又怨恨什么呢？你想啊，远在边疆，境遇荒凉，他们一定非常想念家乡，想念家人。但朝廷根本不体恤将士们的思乡之苦，对他们漠不关心。"春风"就是皇帝的体恤之情，可这个"春风"从来都不来玉门关啊！

从百草园到三味书屋（节选）

鲁迅

　　不必说碧绿的菜畦，光滑的石井栏，高大的皂荚树，紫红的桑椹；也不必说鸣蝉在树叶里长吟，肥胖的黄蜂伏在菜花上，轻捷的叫天子（云雀）忽然从草间直窜向云霄里去了。单是周围的短短的泥墙根一带，就有无限趣味。油蛉在这里低唱，蟋蟀们在这里弹琴。翻开断砖来，有时会遇见蜈蚣；还有斑蝥，倘若用手指按住它的脊梁，便会啪的一声，从后窍喷出一阵烟雾。何首乌藤和木莲藤缠络着，木莲有莲房一般的果实，何首乌有臃肿的根。有人说，何首乌根是有像人形的，吃了便可以成仙，我于是常常拔它起来，牵连不断地拔起来，也曾因此弄坏了泥墙，却从来没有见过有一块根像人样。如果不怕刺，还可以摘到覆盆子，像小珊瑚珠攒成的小球，又酸又甜，色味都比桑椹要好得远。

　　鲁迅先生在《从百草园到三味书屋》这篇文章中一开始就描写自己儿时的乐园——百草园。"低唱""弹琴"是人才会的动作，这里用来形容油蛉和蟋蟀的鸣叫，就是拟人化。这样写，不仅显得生动活泼，而且还表现出作者对这个儿时乐园的喜爱。

迷人的月

霍丽芸

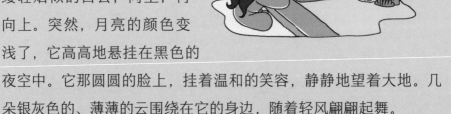

　　要入夜了，一切都静悄悄的。我独自坐在窗前，等待着月亮升起。

　　看，那带着一圈金环的月亮，终于从山后升起来了！月亮先是金黄金黄的，徐徐地穿过一缕缕轻烟似的白云，向上，再向上。突然，月亮的颜色变浅了，它高高地悬挂在黑色的夜空中。它那圆圆的脸上，挂着温和的笑容，静静地望着大地。几朵银灰色的、薄薄的云围绕在它的身边，随着轻风翩翩起舞。

　　月光如水，静静地洒在院子里，给院子披上了一件银色的纱衣。一排排苍翠的树木依稀可见，几只夜游的鸟儿从树枝里跳出来，在皎洁柔和的月光下畅意穿梭，偶尔还发出"啾啾"的叫声。月光洒在开满各种各样花朵的花坛里，给花儿罩上了一层神秘的面纱，微风一吹，送来丝丝暗香。花坛的影子，恰似一幅绮丽的图画。啊！在月光下，这一切都展现出了梦幻般的美呀！

我喜欢月亮。它有时像绷着又胖又圆的小脸的婴儿，憨态可掬；有时像弯弯的金色香蕉，秀色可餐。

它又好似一个顽皮的孩子，经常和我玩捉迷藏。有时它躲在云后面，有时趴在树梢上……趁我不注意的时候，会突然跑出来，吓我一跳。

啊！我爱这可爱又迷人的月亮。

小作者在这篇文章中多次将月亮当成人来描写："温和的笑容"写出月亮刚刚升起时的安静恬适；"绷着又胖又圆的小脸""弯着小嘴"写出了月亮形状的变化；"躲在云后面""趴在树梢上"写出了月亮位置的变化。这样的描写不仅使月亮变得生动有趣，也表达了作者对月亮的喜爱之情。

排比可以
多用用

全都懂

　　你发现没有，有的人写的文章就像诗一样不仅朗朗上口，读起来还很有气势？自己的文章怎么才能做到这样呢？

　　这里分享一个小技巧——排比。

　　运用排比可以使文章节奏和谐、感情澎湃。如《硕鼠》中连用三个排比句，加强了作者对"硕鼠"的痛恨。

　　作家在写人、写景、抒情、说理时经常会运用排比句，结构整齐，富有节奏感，表达有气势。

　　我们在写作文时，不妨多运用排比。

排比 —— 硕鼠硕鼠，无食我黍

老鼠自古以来就令人厌恶，人人喊打。来看看《诗经》中的这首诗是怎么写大老鼠的。

硕鼠

《诗经》

硕鼠硕鼠，无食我黍！三岁贯女，莫我肯顾。

逝将去女，适彼乐土。乐土乐土，爰得我所。

硕鼠硕鼠，无食我麦！三岁贯女，莫我肯德。

逝将去女，适彼乐国。乐国乐国，爰得我直？

硕鼠硕鼠，无食我苗！三岁贯女，莫我肯劳。

逝将去女，适彼乐郊。乐郊乐郊，谁之永号？

大老鼠啊大老鼠，不要再吃我的粮食了，养你这么多年，你对我不管不顾，不闻不问。发誓从此离开你，到理想的乐土，那里是安居的好去处。

这些大老鼠是被辛劳的人们"养"起来的,可它们不管人们的死活,不知道感恩,贪婪成性。怎么能不让人痛恨呢?诗人用三个排比句,表达了对大老鼠的痛恨,希望远离这些大老鼠,去到真正属于自己的乐园生活。三句表达的意思虽然相同,但情感表达得更加充分。

"硕鼠"并不是真的大老鼠,而是比喻那些剥削者。本诗控诉剥削者对劳动者的压迫和剥削,启发人们为了美好生活而不断斗争。

名作欣赏

匆匆 (节选)
朱自清

燕子去了,有再来的时候;杨柳枯了,有再青的时候;桃花谢了,有再开的时候。但是,聪明的,你告诉我,我们的日子为什么一去不复返呢?——是有人偷了他们罢:那是谁?又藏在何处呢?是他们自己逃走了罢:如今又到了哪里呢?

我不知道他们给了我多少日子,但我的手确乎是渐渐空虚了。在默默里算着,八千多日子已经从我手中溜去,像针尖上一滴水滴在大海里,我的日子滴在时间的流里,没有声音,也没有影子。我不禁头涔涔而泪潸潸了。

朱自清先生在《匆匆》这篇散文中,用清秀隽永的文字表达了对时光流逝的无奈和惋惜。文章的开头就用了一个排比句,在充满美感的节奏下,描写了大自然的四季轮回,和时光的匆匆流逝形成强烈对比,让人们产生"花有重开日,人无再少年"的时光易逝的感叹。

美丽的生命

杨芷清

　　生命像随处可见的野草，是平凡的；生命像沙漠里的仙人掌，是坚强的；生命像春日里的花海，是美丽的。前不久，我目睹了小鸡出壳的过程，虽然很平凡，却从中看到了坚强、美丽……

　　回想起那天，我先是听到微弱的"咔咔"声，蛋壳裂了一条缝，小鸡要破壳了。我屏住呼吸，仔细观察。蛋壳继续破裂，小鸡的挣扎导致鸡蛋在滚动，一些蛋壳碎片掉了下来。

　　就这样滚着滚着，突然间，一个尖尖的东西突了出来。呀！是小鸡的嘴巴！"咔！"鸡蛋破壳了。接着小鸡伸出了小脚。它的小脚有三个脚趾，都是嫩黄嫩黄的，在空中上下划动，似乎在对我说："帮帮我！帮帮我！"我很想帮忙，可又无从下手。

　　不一会儿，蛋壳彻底裂开了，只见小鸡奋力地用自己的翅膀撑开蛋壳。我在心里喊着加油。小鸡一边撑开蛋壳，一边"叽叽"地叫着，似乎在向我炫耀。

　　最后，小鸡终于一骨碌地滚了出来。它不知所措地"叽、叽、叽"乱叫，还不断地拍着翅膀……虽然它浑身的毛都是湿湿的，黏黏的，样子看起来有点丑，但我却觉得它那样美丽，那样可爱，或许是因为它那破壳而出坚强的毅力。

　　小鸡以自己坚强的毅力创造了美丽的生命！在这一刻，我真正领会到了生命的真谛！

　　小作者在作文的一开头就使用一组排比句，描写了对生命的认知，表达了对生命的热爱。

形容词"动"起来

为了让自己写出来的句子与众不同，富有新意，我们可以试试把形容词当动词用的小技巧。先看看下面的两个句子：

一场大雪后，房子变白了，树木变白了，田野变白了，山川变白了……整个世界变白了。

一场大雪，白了房子，白了树木，白了田野，白了山川……白了整个世界。

第一句中的"白"是形容词，形容大雪后，事物都成了白色的。第二句中"白"是形容词变成了动词，可以理解成"使……变白"，似乎大雪变成了一个粉刷匠，它把一切刷成了白色。

形容词是形容事物的状态，是静态的，但转变成动词使用后，就会变成动态的，而且还兼具了形容词的特性。如《泊船瓜洲》中的"绿"，既描述了江南的颜色，又表现出变绿的动态。

作家在写作中，经常会有意地将形容词变成动词使用，让描写更加富有情趣，令人耳目一新。

一篇文章会因为一个精妙的句子变得大不相同。我们写作时可以试着让形容词"动"起来，写出一两句精妙的句子。

形容词变动词 —— 春风又绿江南岸

如果要你写春风，你会怎么写？多半会是"春风来了""春风吹过""春风拂过"，虽然没错，但没新意，来看看王安石会怎么写呢？

泊船瓜洲

宋·王安石

京口瓜洲一水间，钟山只隔数重山。

春风又绿江南岸，明月何时照我还？

有一年，王安石奉命入京做宰相，路过瓜州渡口。隔着长江看着远在几重山后自己居住的钟山。

和煦的春风又一次吹绿了江南的田野，他想着什么时候才能回到钟山。

"春风又绿江南岸"中的这个"绿"字，诗人曾经改过十几次，用过"到""过""入""满"等，最后选定了"绿"这个字。这个"绿"字好在哪里呢？

和其他词不同，"绿"本来是一个形容词，在这里是将形容词变动词用，有"吹绿"的意思。其他的词只表达了春风的到来，而这个"绿"字不仅表达了春风到来，还将春风到来后江岸变得一片新绿的景象变化表现了出来。仅仅一个字，就让整个句子变得鲜活了许多。

社 戏（节选）

鲁迅

　　我向来没有这样忍耐的等待过什么事物，而况这身边的胖绅士的吁吁的喘气，这台上的冬冬喤喤的敲打，红红绿绿的晃荡，加之以十二点，忽而使我醒悟到在这里不适于生存了。我同时便机械的拧转身子，用力往外只一挤，觉得背后便已满满的，大约那弹性的胖绅士早在我的空处胖开了他的右半身了。我后无回路，自然挤而又挤，终于出了大门。街上除了专等看客的车辆之外，几乎没有什么行人了，大门口却还有十几个人昂着头看戏目，别有一堆人站着并不看什么，我想：他们大概是看散戏之后出来的女人们的，而叫天却还没有来……

　　……

　　两岸的豆麦和河底的水草所发散出来的清香，夹杂在水气中扑面的吹来；月色便朦胧在这水气里。淡黑的起伏的连山，仿佛是踊跃的铁的兽脊似的，都远远地向船尾跑去了，但我却还以为船慢。他们换了四回手，渐望见依稀的赵庄，而且似乎听到歌吹了，还有几点火，料想便是戏台，但或者也许是渔火。

　　"胖"和"朦胧"本是形容词，在文中是用作了动词。"胖开了他的右半个身了"初看好像是说他的身体变胖了，但其实这里说的是他肥胖的身体不断往右边挤的滑稽场面。"月色便朦胧在这水气里"除了描绘出水气笼罩月亮外，还体现了越来越不可见的动态效果。

茶之歌

刘晶晶

　　春姑娘乘着春风来了，一刹那，绿了原野，绿了山川，更绿了那一片片的茶树。那些争先恐后挤出来的嫩芽儿，告诉人们采茶的时节到了。

　　天还没亮，茶农就戴着斗笠，穿着雨衣，担着竹筐，踏着朝露，往山上走去。在春姑娘的呵护下，茶叶每时每刻都在蓬勃生长，必须要赶在嫩芽变成老叶前采回来。一到山上，他们就把竹筐放在一边，两支手像两只啄米的小鸡似的又上又下，一会儿就把手中的一把嫩芽丢进竹筐里。满山的茶农似一只只勤劳的蜜蜂在采集着新绿，脸上洋溢的春花般的笑容，为绿山点缀出无限生趣。

　　采回来的茶叶经过晾晒就要进行炒茶。把经过精挑细选后的茶叶倒进茶锅，点火，开炒。开火后，茶农就用自己的双手不停地

翻炒。这一步叫"杀青"，既是技术活，又是体力活。火不能太大，也不能太小，双手要不停地翻炒，一不小心茶叶就会变焦。"杀青"结束后，是搓揉。茶农把茶叶在掌心中揉团，轻轻地，柔柔地。用的是巧劲，揉的是耐心。然后又继续在锅中翻炒。锅不能太烫。慢慢地茶叶变成一个个绿色的小螺，细细的绒毛惹人爱怜。炒茶时节，最是醉人，茶农的双手揉搓着茶叶，香了屋子，香了院子，香了村庄，香了人间。

不知这浓郁的茶香，是否已经钻进了你的鼻子里？

这篇文章开头用的"绿"和结尾用的"香"都是形容词，但作者把它们当成动词使用。

语言就是要别致

　　语言要别致，就是说，遣词造句应该避免陈词滥调，切莫人云亦云，要多多打造具有个人专属的句子。

　　怎么能让语言别致呢？最基本的就是避开常用的词，用原本形容其他东西的词来形容自己所描写的事物。如《玉楼春·春景》中，用形容场面的"闹"来形容杏花的"繁盛"，《如梦令》用形容人的"肥""瘦"来形容绿叶的"繁盛"红花的"凋零"。

　　一个词语可以拯救一个句子，一句妙语可以激活一段文字。作家们在写作时，经常会锤炼词句，往往通过一两个字就将整段，甚至整篇文章变得鲜活起来。

　　在遣词造句时，我们也不妨多想想，努力写得富有个性。

语言要别致 —— 红杏枝头春意闹

形容花开得很多，除了"多""繁茂""繁盛"……你还能想到什么有新意的词吗？来看看诗人是怎么写的。

玉楼春·春景

宋·宋祁

东城渐觉风光好，縠皱波纹迎客棹。

绿杨烟外晓寒轻，红杏枝头春意闹。

浮生长恨欢娱少，肯爱千金轻一笑。

为君持酒劝斜阳，且向花间留晚照。

踏青赏景去喽！

这么多杏花挤在一起在闹些什么呢？

春天，词人到东城踏青寻胜，乘着小船欣赏春天的美景。

杨柳被清晨的薄雾笼罩着，但是红艳艳的杏花在枝头绽放，

形容春天里开放的杏花，词人用了一个字——闹。闹，本来是用来形容人声嘈杂的场面，但这里却用来形容簇拥的杏花。

杏花本来是静态的，但一个"闹"字，令杏花好像动了起来。这样写不仅表现好多好多的杏花，而且仿佛让我们听到了杏花喧闹的声音。它们在闹什么呢？也许在争着竞相开放，也许在争奇斗艳，也许在互相讨论这春天的美好。你看，原本平平无奇的一幅景象，因为一个字一下子灵动了起来。

语言要别致 —— 应是绿肥红瘦

怎样描写风雨后的海棠才能让人耳目一新呢？来看看词人李清照的妙笔吧。

如梦令

宋·李清照

昨夜雨疏风骤，浓睡不消残酒。

试问卷帘人，却道海棠依旧。

知否，知否？应是绿肥红瘦。

昨晚雨下得稀疏，风却很大。

浓浓的沉睡也没能把酒意消除。

问正在卷帘子的侍女。

"绿肥红瘦"，绿指的是叶子，红指的是花朵。"肥"和"瘦"通常是用来形容人的体形的，经过一夜，叶子怎么会"肥"？花怎么会"瘦"呢？

你想想，经过一夜的风吹雨打，绿色的叶子因为被雨水冲洗粘上了充足的水分，整体会显得茂盛又肥大。花朵因为不堪雨打风吹会凋落很多，变得稀少，相比之下就会显得瘦了。你瞧，这样写是不是比写"绿叶茂盛，红花凋落"更让人记忆犹新呢？

名作欣赏

阿Q正传（节选）

鲁迅

阿Q对了墙壁跪着也发楞，于是两手扶着空板凳，慢慢的站起来，仿佛觉得有些糟。他这时确也有些忐忑了，慌张的将烟管插在裤带上，就想去舂米。蓬的一声，头上着了很粗的一下，他急忙回转身去，那秀才便拿了一支大竹杠站在他面前。

"你反了，……你这……"

大竹杠又向他劈下来了。阿Q两手去抱头，拍的正打在指节上，这可很有一些痛。他冲出厨房门，仿佛背上又着了一下似的。

"忘八蛋！"秀才在后面用了官话这样骂。

按照常规应该是"头上着了很重的一下"，但鲁迅先生这里却用"很粗的一下"。那这里"重"可以吗？当然可以，但是"重"只交代了打的分量。而"粗"除了有"重"的意思，还能引出对"打"所使用的器物的联想，为后面"大竹杆"的出现埋下伏笔。

东方明珠之旅

单俊岐

　　上个周末，妈妈带我去了上海，去见识我心心念念的东方明珠塔。

　　我和妈妈在高铁上晃悠了一个小时后，到达了上海虹桥火车站。还没等我站稳脚跟呢，妈妈就拖着我上了地铁2号线。于是，我又在地铁上被"哐当"了整整十五站，来到了东方明珠广播电视信号发射塔下。哇！这里可真是人山人海啊，原本宽阔的路，已经瘦得容不下我们的身影。

　　可这样依然不能阻挡妈妈的好心情，她立刻架起自拍杆，上下左右前前后后地挥舞起来。瞧她那个兴奋的样子，完全忘了还有我这个儿子跟着。拍完自拍后，妈妈才带着我向东方明珠塔走去。

　　经过二十多分钟的排队，我们终于坐上了电梯。电梯把我们送到了90多米高的一号大球。我们没有停留，又坐上电梯，来到200多米高的二号中球。我站在上面极目远眺，仿佛看到了远在杭州的六和塔。后来，我和妈妈又上到了300多米的太空舱。哇！上海的夜色可真不一般！我既看到了像开瓶器一样的上海最高的环球金融中心，也看到了黄浦江上的游轮，还看到了太空舱里的"外星

人"——虚拟动画演示。

太空舱看完了，我们又回到二号球，那里有一条玻璃栈道。我被地面射上来的光弄得晕乎乎的，从头到尾都是被妈妈拖着走的。还好，没走多久，妈妈就决定回去了，不然，我真的会腿软在上面。

下了明珠塔回到酒店后，我倒头就睡。虽然，今天去了东方明珠塔，但总觉得有点走马观花的感觉，希望明天再去一趟，仔细领略一番。

"被'哐当'了整整十五站""瘦得容不下我们的身影"这两个句子非常有个性。"哐当"本来是描写火车行驶的拟声词，表示作者的一路都在听"哐当"声，表现了作者的旅途劳累。"瘦"本来是形容人的体形的，这里用来形容路，表现了路上挤满了人。

啥都懂

　　你听过"高山流水"的故事吗？说的是春秋时期，有一个著名的琴师叫俞伯牙。有一次，他在船上弹琴。一个叫钟子期的樵夫在岸边听到后就说："好啊，就像巍峨的泰山！"伯牙又换了一曲，钟子期又说："好啊，就像滚滚的江河。"伯牙觉得钟子期很懂自己的音乐，两人便成了朋友。

　　从这个故事能看到，琴声变成了具象的高山和流水，把听觉变成了视觉。那我们写作的时候，何不尝试将不同的感觉进行转化呢？

　　如《琵琶行》中，将琵琶弹奏的曲子转换成具体的事物来进行描写，令人赏心悦目。

感觉转换 —— 大弦嘈嘈如急雨

琵琶行（节选）

唐·白居易

大弦嘈嘈如急雨，小弦切切如私语。

嘈嘈切切错杂弹，大珠小珠落玉盘。

间关莺语花底滑，幽咽泉流冰下难。

冰泉冷涩弦凝绝，凝绝不通声暂歇。

别有幽愁暗恨生，此时无声胜有声。

银瓶乍破水浆迸，铁骑突出刀枪鸣。

曲终收拨当心画，四弦一声如裂帛。

　　有一年，白居易在浔阳江头听了一个琵琶女弹奏琵琶，就写下了千古名篇——《琵琶行》。

这里节选的是诗人描写琵琶曲的部分。曲调时而舒缓，时而急促，时而悠扬，时而清冷，这些感觉靠听才能感受到，可诗人通过将听觉转换成视觉，用文字表达了出来。

用骤降的急雨来说大弦的声势，用窃窃私语来说小弦的声韵，用大小珠子落进玉盘说乐声的清脆，飞过花低的黄莺说乐声的明快，用冰泉说乐声的冷涩，用银瓶突然破裂说乐声的突发，用铁骑刀枪说乐声的激越。

诗人用这些具象的东西，使读者有如亲耳所闻、身临其境。

雨 巷 （节选）

戴望舒

她静默地走近

走近，又投出

太息一般的眼光，

她飘过

像梦一般的，

像梦一般的凄婉迷茫。

像梦中飘过

一枝丁香的，

我身旁飘过这女郎

……

在这首是中，诗人期望在雨巷中遇到一个丁香一样的姑娘。诗人描写姑娘的目光，本应该是视觉感受，但他换成了听觉，（"太息"就是"叹息"）似乎连目光也忧郁惆怅地发出了叹息声。这样写，不仅形成一种特殊的美感，也写出了忧郁的深沉和动人。

一场音乐会

宋俊扬

前几天我去听了一场音乐会。一走进华丽的大厅内，就看到一盆盆植物摆在门口和楼梯两旁，精致的雕文镶嵌在墙上，宛如宫殿一般。

我刚坐定，乐队就登台了。只见最前面的指挥家先鞠躬，然后背对观众，手指轻盈地晃动。随着指挥棒的左右移动，乐队演奏出的音乐时而轻盈活泼，时而沉重缓慢，时而细水长流，时而铿锵有力。人的心情也跟随着音符不断变化。

不知从哪一刻起，眼前仿佛出现了一座巍峨的山峰，上有云雾缭绕，瀑布从山顶倾泻而下，就像一条白色的绸缎，从山石之间飘落下来，撞在岩石上，飞花碎玉洒满山间，如烟、如雾。离山涧越

来越近，瀑布声越来越响。峰回路转，忽然看到不远处有一座小村庄。老人们坐在石凳上喝茶下棋；男人们扛着锄头赶着牛车下田劳作；妇女们在树荫下聊天；孩子们在小溪边嬉戏打闹，真是热闹。轰隆隆——伴随着一阵雷声，眼前的景象忽然变了，雷电交加，乌云翻滚，大雨滂沱，狂风卷着沙石肆意乱窜。村里的男女老少惊慌失措，纷纷跑回家中，关紧门窗。原本热闹的村庄，只剩下风沙和暴雨。过了一会儿，雷声、雨声、风声渐渐停歇，远处的天空露出一道彩虹，耳边不时传来清脆的鸟叫声。

此时，音乐声戛然而止，眼前的景象也烟消云散。大厅的听众大约和我一样，陶醉在美妙的乐曲中。过了许久，整个大厅才响起热烈的掌声。

在这篇文章中，小作者巧妙地利用了感觉转换的方法，将听到的音乐转换成可以看到的景物来描写。

自己写名言

很多人在写作文时，喜欢引用名人名言。引用名人名言会显得自己有想法、有学识。

可是，很多时候，我们写文章时想不到合适的名人名言，况且我们小学生能记下来的名言也没多少。那该怎么办呢？

其实，那些名言最初的时候也并不是名言，也只是一些句子。但后来被广泛流传后，就变成了名言。

从这个角度来说，我们也可以写属于自己的名言，或者说写一些像名言的句子。这样，能够使我们的文章更具深度，更具有可读性。

写自己的名言 —— 更上一层楼

登楼远望是我们去旅游时经常会做的，就这件事，我们怎么能写出名言呢？通过王之涣的这首诗来体验一下吧。

登鹳雀楼

唐·王之涣

白日依山尽，黄河入海流。

欲穷千里目，更上一层楼。

站在楼上，看到太阳依傍着山渐渐下落，黄河东流入海。

如果想要看遍千里风光，就要再登上一层高楼。

这首诗先写了在楼上看到的风景，但想要看到更远的风景怎么办？那当然就要再登高一层楼了，登高才能望远。"欲穷千里目，更上一层楼"这个简单又朴素的道理，成了千百年传诵的名言，并且比喻要想取得更大的成功，就要付出更多的努力，蕴含积极探索和无限进取的人生态度。

写自己的名言 —— 不识庐山真面目

在一座大山中，所在的位置不同看到的山的样子就不同，这样的境遇又能写出什么名言呢？看看苏东坡的妙笔吧。

题西林壁

宋·苏轼

横看成岭侧成峰，远近高低各不同。

不识庐山真面目，只缘身在此山中。

从正面、侧面、远处、近处、高处、低处看庐山，庐山呈现不同的样子。之所以看不清庐山真正的面目，是因为身处在庐山中。

游览庐山，从不同的角度，看到庐山的样子就大不一样。这每一个样子都不是庐山真正的面目，为什么会这样呢？就是因为人在山里，视野被峰峦限制，看到的只是庐山的一峰一岭一丘一壑，局部而已。

"不识庐山真面目，只缘身在此山中"告诉我们，人所处的地位不同，看问题的角度不同，对事物的认知就会有一定片面性。要认识事物真相和全貌，必须要超越狭小的空间。

你看，只是从游览山的一件事，就可以写出一句名言来。

有的人 （节选）

臧克家

有的人活着，

他已经死了；

有的人死了，

他还活着。

有的人

骑在人民头上："呵，我多伟大！"

有的人

俯下身子给人民当牛马。

有的人

把名字刻入石头，想"不朽"；

有的人

情愿作野草，等着地下的火烧。

这首诗是诗人为纪念鲁迅先生逝世十三周年创作的，一开头的两句，看起来很"矛盾"，但却是一句名言。"有的人活着，他已经死了"指那些反动统治者，虽然他们身体活着，但在百姓心中已经死了。"有的人死了，他还活着"指鲁迅先生，虽然他的身体已经死了，但他的精神在百姓心中永存。

家乡的春韵

陆莉莎

世界上的风景千千万，而我最喜欢的就是家乡的春天。

春姑娘用它神奇的画笔刚给大地披上翠绿的衣裳，花儿就展开了笑颜，小麦穗顽皮地伸出半个脑袋，仿佛是想要看看外面的世界，如果你不仔细看，还真不容易发现它们。举目远眺，绿油油的麦田真像一块巨大的绿毯。果园里的苹果花似雪，桃花似霞。桃花开得早些，已经开始凋谢了。一阵风吹过，桃花瓣儿像一只只翩翩起舞的红色蝴蝶，纷纷扬扬地飘落下来……

在这样的日子里，可以无忧无虑地奔跑嬉闹。如果玩累了，可以躺在草坪上，静静地望着蓝天。蓝丝绒似的天空飘着丝丝游云，好似碧海上的白帆，在不停地远航。耳边时而响起啾啾鸟鸣声，更让人觉得舒服。

夜晚，星光点点，可以数一数灿烂的星斗。你稍微一分神就全数乱了，还得重新数过。月亮最是顽皮，偷偷躲到树杈后，和你玩捉迷藏的游戏。

在柔柔的春风里，在幽幽的蓝天下，我遥望着远处探出头的一只风筝，心想：要是我能化作一只风筝飞上半空，从哪里会不会看到更美的景色。

但我知道，最美的风景，不在眼睛里，而是在心里。家乡的春韵就是我心里最美的风景。

小作者在文章结尾的第一句话是自己的一句"名言"。这一句话富有哲理，既说明了看风景应该用心感受，又说明了只要有情感在，在普通的地方也处处是风景。

图书在版编目（CIP）数据

跟着古诗学写作 : 全 6 册 / 陈英著 ; 知舟绘 . --

北京 : 北京理工大学出版社 , 2024.7

　ISBN 978 - 7 - 5763 - 3717 - 4

Ⅰ . ①跟… Ⅱ . ①陈… ②知… Ⅲ . ①作文课 – 小学

– 教学参考资料 Ⅳ . ① G624.243

中国国家版本馆 CIP 数据核字 (2024) 第 059642 号

责任编辑：申玉琴　　　文案编辑：申玉琴
责任校对：刘亚男　　　责任印制：施胜娟

出版发行 / 北京理工大学出版社有限责任公司

社　　址 / 北京市丰台区四合庄路 6 号

邮　　编 / 100070

电　　话 /（010）68944451（大众售后服务热线）

　　　　　（010）68912824（大众售后服务热线）

网　　址 / http : //www.bitpress.com.cn

版 印 次 / 2024 年 7 月第 1 版第 1 次印刷

印　　刷 / 北京地大彩印有限公司

开　　本 / 710 mm × 1000 mm　1/16

印　　张 / 28

字　　数 / 443 千字

定　　价 / 210.00 元〔全 6 册〕